AI와 가상현실의 철학

AI문고

인공지능 시대입니다. 기계가 인간의 인지를 대신하고, 사물이 인간을 통하지 않고 다른 사물과 직접 커뮤니케이션합니다. 이에 따른 인간 삶과 문명 변화를 정확히 이해 · 예측 · 대응하는 것은 이 시대 우리 모두의 과제입니다. AI문고는 인공지능 기술과 환경의 여러 주제를 10가지 키워드로 정리합니다. 관련 개념과 이론, 학계와 산업계의 쟁점, 우리 일상의 변화를 다룹니다. 인간과 기술의 현재, 미래를 세심히 분석합니다.

일러두기

- 인명, 작품명, 저서명, 개념어 등은 한글과 함께 괄호 안에 해당 국가의 원어를 병기했습니다.
- 외래어 표기는 현행 어문규정의 외래어표기법을 따랐습니다.

처음이세요?

전문가세요?

AI와 가상현실의 철학

이강원·윤성련·김현주

대한민국, 서울, 커뮤니케이션북스, 2025

AI와 가상현실의 철학

지은이 이강원·윤성련·김현주
펴낸이 박영률

초판 1쇄 펴낸날 2025년 11월 13일

커뮤니케이션북스(주)
출판 등록 2007년 8월 17일 제313-2007-000166호
02880 서울시 성북구 성북로 5-11
전화(02) 7474 001, 팩스(02) 736 5047
commbooks@commbooks.com
www.commbooks.com

ISBN 979-11-430-1389-7 03500

책값은 뒤표지에 표시되어 있습니다.

차례

가상현실과 다가온 미래

과학, 철학, 종교, 그리고 가상현실

우리는 인공지능(Artificial Intelligence)으로 대표되는 테크놀로지의 극대화로 인해 현실과 가상, 신체와 기계 심지어 의식과 물질의 경계가 모호해진 포스트 휴머니즘의 시대를 살고 있다. 차이가 대립을 낳던 이분법적 대립의 시대를 넘어 차이 자체가 새로운 실재를 낳는 오늘날 그 어느 때보다 실재에 대한 새로운 이해가 요청된다. 물질과 정신이 함께 구성해 낸 가상현실은 현실과 비슷한 현실, 재현의 공간이 아니라 또 하나의 현실, 새로운 실재가 경험되는 공간이다. 이 공간은 무엇보다 몸을 통해 실현된다. 몸은 이 공간을 개방할 뿐 아니라 스스로를 개방하며 자신을 비결정적 가능성으로 드러냄으로써 가상현실과 몸에 대한 새로운 이해를 요구한다. 이러한 실험적 사유들은 극단적으로 '우리의 정신과 몸을 분리할 수 있는가?', '우리의 정신을 컴퓨터에 업로드하여 영생할 수 있는가?' 하는 인류가 품어 온 오래된 질문이지만 포스트 휴머니즘 시대에 피해갈 수 없는 물음을 다시금

대면하게 한다. 여기에 실린 세 저자의 글들은 이러한 주제에 대해 독자들이 함께 상상의 나래를 펼쳐가며 인공지능으로 대표되는 테크놀로지의 시대를 성찰해 볼 수 있는 계기를 제공할 것이다.

가상현실이라는 용어가 널리 회자되고 있지만, 이 개념을 과학적, 철학적, 종교적으로 통합해 설명한 글을 쉽게 찾아보기는 어렵다. 이 책은 독자들이 과학, 철학, 종교라는 세 가지 관점에서 가상현실이라는 주제에 접근할 수 있도록 구성했다. 우선, 물리학과 신학을 전공한 이강원은 그의 과학적 지식을 바탕으로 양자역학 등 과학적 이론뿐 아니라 가상과 현실에 대한 주요 과학 철학자들의 이론을 일목요연하게 정리하여 제시한다. 그는 가상현실의 실재성, 가상현실과 인간의 상호작용을 통한 확장되는 인간의 경험, 그리고 가상현실이라는 새롭게 창조된 공간에서의 윤리성 같은 주제를 다룬다. 두 번째 저자인 윤성련은 현상학을 전공한 종교 철학자로 인간의 몸과 정신의 관계를 가상현실과 연결하여 다루고 있다. 전통 철학에서 소외되었던 인간의 몸이라는 주제에 대한 현대 철학의 관심은 어느 때보다 뜨겁다. 이 글은 가상현실이라는 공간에서의 몸의 의미를 규명하고 특히 가상과 현실을 연결하는 매개체로서의 몸의 역할에 대한 철학적 설명을 제시한다. 마지막으로 개신교 신학자인 김현주는 인간론의 난제인 인간의 정신과 몸의 관계를 SF 드라마가 제시하는 가상 미래를 매개로 미래의 인간 모습을 가늠한다. 특히 인간의 정신이 육체와 분리되어 새로운 육체나 기계와 결합할 수 있는지에 대한 현대적 담론의 배경이 되는 인간론의 주요 이론을 종교철학 관점을 통해 독자들에게 전달한다. 이를 통해 기술문명의 미래와 인간성의 의미를 성찰한다.

과학을 통해 본 가상현실과 미래

이 책의 1장에서 4장까지는 가상현실에 관한 주요한 과학적 이론을 소개한다. 포스트휴머니즘의 대모와도 같은 캐서린 헤일스는 《내 어머니는 컴퓨터였다》에서 인간의 삶의 환경이 대자연에서 '계산적 우주(computational universe)'로 바뀌었음을 치밀하게 묘사하고 있다. 여기서 계산적 우주란 다름 아닌 0과 1의 디지털로 이루어진 세계일 것이다. 세계는 이제 컴퓨터와 테크놀로지로 이루어진 세계이고, 컴퓨터는 이미 도구적 차원을 넘어 사회적 경험의 장을 형성한 지 오래다. 디지털 세계가 우리 생활 기반에 스며들면서 이제는 경험이 실제인지 가상인지는 중요하지 않은 것이 되었고,

오히려 삶의 물리적 측면보다 디지털 측면을 더 선호하는 사람도 점점 증가하고 있다. 디지털 수단을 통해 현실을 시뮬레이션한 가상현실은 물리적으로 존재하지는 않지만 감각적 경험을 할 수 있다는 점에서 가상의 차원을 넘어 심지어 우리의 거주 장소가 되어 가고 있다. 그래서 현실과 가상현실의 경계는 더 없이 모호하다. 그렇기에 포스트휴머니즘의 주된 테마인 인간과 기계의 공생, 공진화, 혼종을 그 어느 곳보다 더 생생히 목도할 수 있는 영역이 가상현실이다. 공포를 야기하기도 하고 즐거움을 선사하기도 하고 우리의 정체성 이해에 변화를 가져오기도 하는 가상현실을 실행하기 위해서는 인간과 기계 사이의 상호작용을 매개하는 인터페이스가 가장 관건이 되기 때문이다.

가상현실에 대한 정의는 다양하지만 1~4장에서는 우리가 일상생활에서 경험하는 스크린상의 컴퓨터 시뮬레이션 기술로 구현된 가상 세계에 국한하고자 한다. 가상현실은 자연법칙에 따르는 물리적 현실 세계와 달리 프로그래밍 규칙에 기반한 가상의 공간이다. 가상현실 참여자는 VR 헤드셋, VR 안경 등 가상공간 장비를 통해 가상공간과 시각, 청각, 촉각 등의 감각적 상호작용을 하는데 이 때 상호작용이 사실적일수록 몰입감은 증대되고 가상현실은 더 큰 현실감을 제공한다. 따라서 가상현실을 또 하나의 현실이게 하는 것은 몰입감에 있다. 이 몰입감을 강화하는 요인 가운데 가장 중요한 것이 바로 인과성이다. 참여자의 행동에 따라 인과적으로 일관되고 예측 가능할 때 가상공간은 현실처럼 경험된다. 그런데 물리적 세계의 자연법칙과는 달리 가상현실 속 인과성은 프로그래밍 규칙에 기반한다. 이러한 점에서 가상현실 속의 인과성에 대한 이해는 단순히 프로그래밍이라는 기술적 요소를 넘어, 인간의 인지 체계와 그에 대한 철학적 사고, 나아가 사회 · 문화적 의미까지 고려하지 않을 수 없다.

2017년 가상현실의 실재성을 두고 논쟁이 일었는데 그 주된 내용은 가상현실이 과연 실재성(reality)이 있는가 아니면 다만 허구(fiction)에 불과한가 하는 것이었다. 이 책의 1~4장에서는 이 논쟁을 출발점으로 삼아 깁슨과 호프만의 지각 이론과 특히 가상 월튼-허구주의(virtual walton-fictionalism)를 통해 가상현실의 인과 구조를 분석할 것이다. 이는 가상현실의 인과성은 프로그램상의 가상 객체와 인간의 상상력이 함께 작용한 결과임을 보여줄 것이다. 이어서 바라드의 행위적 실재론을 통해 가상현실의 의미를 탐색해 볼 것이다. 그 핵심 개념

중 하나인 내부-행위(intra-action) 개념은 존재하는 것들은 독립적으로 존재한 후 관계를 맺는 것이 아니라, 관계 속에서 함께 발생함을 잘 보여준다. 이러한 실재 이해에 따르면 세계는 물질적이면서 동시에 담론적으로 구성된 물질-담론적 얽힘(material-discursive entanglement)이다. 이는 가상현실이 디지털 시뮬레이션과 가상현실 참여자라는 두 행위자의 내부-행위적 상호작용의 산물로 볼 수 있게 해준다. 마지막으로 가상현실의 실재성에 대한 이러한 이해를 토대로 가상현실에 내재해 있는 윤리적 함의를 언급하고 가상현실이 우리에게 갖는 의미와 가상현실에 대해 우리는 어떠한 태도를 가져야 할지 이야기하고자 한다.

행위자 실재론의 관점에서 가상현실은 단지 가상이나 도구가 아니라 물질, 기술, 인간, 의미가 얽혀있는 인식-존재-윤리적 실험의 장이며 그렇기에 테크놀로지로 충만한 오늘날 인간과 비인간, 생명과 물질, 자연과 기술의 이분법을 극복하고자 하는 포스트휴머니즘의 시대를 사는 우리에게 세계에 대한 새로운 통찰을 제공해 줄 것이다.

철학을 통해 본 가상현실과 몸

이 책의 5장에서 7장은 철학의 틀로 본 가상현실이라는 주제를 다루고 있다. 가상현실은 더 이상 공상과학 영화 속의 장치나 특별한 연구실 안의 실험에 머물지 않는다. 이미 우리는 매일 손에 쥐고 다니는 스마트폰을 통해 현실과 가상이 자연스럽게 뒤섞인 삶을 살아가고 있다. SNS에서의 소통, 메타버스 공간에서의 모임, 온라인 게임 속에서의 경제 활동은 더 이상 낯설지 않으며, 때로는 우리의 일상보다 더 활발하게 경험된다. 그러나 정작 "가상현실이 무엇이냐"는 물음을 받으면 선뜻 대답하기 어렵다. 단순히 '가짜 현실'이라고 말하기에는 그 영향력과 실제적 효과가 우리의 삶에 너무 깊이 파고들었기 때문이다.

영화 〈원더풀 데이〉의 한 장면은 이 점을 잘 보여준다. 죽음을 앞둔 엄마는 자신의 기억을 업로드하여 아이 앞에 가상현실 속 '엄마'로 다시 등장한다. 아이는 처음엔 진짜 엄마가 해외에서 일한다고 믿지만, 시간이 지나 그 존재가 실제 엄마가 아님을 깨닫는다. 그럼에도 그는 가상의 엄마에게 책을 읽어 달라 부탁하며 여전히 관계를 이어간다. 여기서 가상은 단순한 허상이 아니라, 아이가 슬픔을 견뎌내고 현실을 준비할 수 있도록 돕는 실질적 역할을 수행한다. 이는 가상이 현실을 보완하며 새로운 의미를 창출할 수 있음을 잘 드러낸다. 비슷하게 영화 〈허(Her)〉에서는 인공지능 운영체제와의 사랑이 인간의 감정 세계를 재구성하고, 드라마 〈더 글로리〉 같은 서사에서는 온라인 공간의 폭력이 실제의 삶을 파괴하는 장치로 사용된다. 이처럼 가상은 더 이상 주변적 현상이 아니라 인간 경험의 중심 무대로 진입하고 있다.

그러나 긍정적인 면만 있는 것은 아니다. 실제와 가상의 경계를 혼동하는 게임 중독자들이 등장하고, 또 현실의 도피처로 가상공간을 찾는 사례 역시 적지 않다. 경제적 욕망이나 사회적 불안을 잊기 위해 몰입하는 가상 체험은 순간의 위안이 될 수 있지만, 동시에 현실 감각을 상실하게 만들 위험도 내포한다. 오늘날 우리는 온라인 게임 아이템 거래가 거대한 시장을 형성하고, 가상 화폐가 실물 경제를 뒤흔드는 상황을 목격한다. 이는 단순한 놀이를 넘어, 가상적 구조가 곧 현실적 구조로 이어지는 전환을 보여준다. 여하튼 이 모든 경우에서 가상현실은 인간의 삶에 직접적으로 영향을 미치고 있는 것이 분명하다. 그렇다면 가상현실, 가상공간, 가상 세계 등에서 말하는 '가상'의 의미는 무엇일까?

철학과 과학의 전통에서 '가상(virtual)'은 단지 허구가 아닌, 잠재적 가능성 혹은 보이지 않지만 실질적으로 작동하는 힘을 의미해 왔다. 아리스토텔레스와 스콜라 철학자들에게 가상은 아직 드러나지 않았지만 실현될 수 있는 잠재적 존재였다. 근대 과학에서 '가상적 힘'이라 불린 원심력 역시 물리적으로는 존재하지 않지만 실제 운동을 설명하는 데 반드시 필요한 개념이었다. 한편 현대 정보기술의 맥락에서 '가상'은 물리적 실재가 아니면서도 실제와 유사한 체험을 가능케 하는 기술적 장치로 자리매김했으며, 다소 도구적 기술 용어로 제한되는 경향이 있다. 그러나 가상은 여기에서 멈추지 않고, 존재와 인식, 경험의 차원에까지 그 의미를 확장시켜 왔다.

따라서 정보 기술 시대에서 가상의 의미를 단순히 기술적 맥락으로만 이해하는 것은 충분하지 않다. 오늘날 가상현실은 단순한 기술적 체험을 넘어서 신체와 공간, 상호작용, 그리고 모방 이미지의 문제를 다시 사유하게 만드는 철학적 화두이기 때문이다. 장 보드리야르가 말한 '시뮬라크르'는 이미 원본과 복제의 경계를 무너뜨렸고, 메를로퐁티의 몸 현상학은 가상현실 속 신체의 체험을 새로운 방식으로 이해하게 한다. 가상은 더 이상 현실의 그림자가 아니라, 현실을 재구성하고 때로는 현실보다 더 현실적으로 작용하는 실제적인 힘이다.

결국 가상현실을 이해한다는 것은 곧 현실의 요건을 이해하는 일과 다르지 않다. 우리가 살아가는 시대는 물리적 세계와 가상의 세계가 중첩되어 있으며, 그 속에서 새로운 윤리적 · 존재론적 과제가 생겨나고 있다. 본 글은 가상이라는 개념이 지닌 철학적 뿌리와 현대적 전환을 살피며, 가상현실이 인간의 삶에 던지는 질문들을 탐구하고자 한다. 이는 단순한 기술 비평을 넘어서, 우리가 어떤 방식으로 현실과 세계를 경험하고 있는지에 관한 근원적 성찰을 요청하는 시도이기도 하다.

신학을 통해 본 가상현실과 인간

마지막으로, 이 책의 8장에서 10장까지는 신학의 눈을 통해 미래의 인간과 영생이라는 주제를 다룬다. 이 부분은 앞의 5장에서 7장까지 다룬 가상 세계와 몸이라는 주제와 연결하여 인간의 정신과 몸이라는 전통적이지만 아직 과학, 철학, 신학 등 어느 분야에서도 명쾌하게 설명하지 못하는 인간론의 가장 근원적인 주제를 인간의 미래를 예상하며 다시 들여다본다. 인공지능과 같은 고도의 기술 발전에도 우리는 아직 누구도 인간의 정신과 육체의 관계를 완벽하게 설명하지는 못한다. 우리가 인간으로 살아감에도 불구하고 인간이라는 존재를 정의하는 것은 다층적 고찰이 필요한 고난도의 작업이다. 이제 초지능의 시대를 앞두고, 인간에 대한 지식은 나날이 확장되고 있다. 이와 더불어 비약적 기술의 발전을 기초로 이전에는 불문율로 여기던 인간의 존재적 한계인 생물학적 죽음을 넘어서 영원히 인간의 존재적 연속성을 간직한 채 삶을 이어갈 수 있을지에 대한 논의가 최근 촉발되었다.

고도로 발전한 초지능의 시대 또는 특이점의 시대가 도래한다면, 인간은 자신의 정체성을 유지한 채 죽음을 경험하지 않고 영원히 살 수 있을까? 라는 질문을 할 수 있다. 하지만 이러한 질문은 그 이전에 선결해야만 할 질문을 전제로 한다. 이 선결해야 할 질문은 인간의 정체성은 어디에 있는가에 대한 것이다. 또는 인간은 무엇인가와 같은 질문일 수도 있다. 그러므로 인간에 관한 질문은 곧 존재한다는 것의 본질이 무엇인지를 묻는 존재론(ontology)과 깊이 연결되어 있다. 인간의 정체성과 영생이라는 개념을 탐구하기 위해서는 존재론 차원의 질문이 필수적이다. 예를 들어, 인간 존재의 정체성이 뇌나 몸과 같은 물질적인 것에 있다고 생각한다면 육체 없는 인간이란 상상할 수 없다. 하지만 인간의 정체성이 육체와는 별개로 정신에 있다고 한다면 정신만을 기술적으로 추출하여 이 추출된 것을 다른 육체나 육체를 대체할 수 있는 기계에 연결할 수도 있다고 생각할 수 있다. 하지만 만일 인간이 정신과 육체로 나눌 수 없다면 어떻게 해야 할지 생각해 보아야 할 것이다. 우리는 대개 자신이 속한 사회나 문화를 통해 부지불식간 학습된 정신과 육체라는 개념을 통해서 인간을 이해해 왔다. 하지만 만일 인간의 정신과 몸이 불가분이라면 우리는 인간에 대하여 적절하지 않거나 불완전한 이분법적 개념의 틀을 가지고 접근해 왔다고 볼 수 있다.

미래의 인간이라는 주제는 인간은 어떤 존재인가라는 고전적 질문이 기술이 극도로 발전된 세상에서는 어떻게 재정의될 수 있는지 살펴본다. 많은 SF 영화들이 미래 인간의 상태에 대한 주제를 다루어 왔다. 1995년 제작된 〈공각기동대(Ghost in the Shell)〉, 2013년 개봉한 〈허(Her)〉와 같은 영화는 이미 공상과학 영화 부문에서는 고전의 반열에 오른 작품들이다. 〈공각기동대〉의 영어 제목인 〈Ghost in the Shell〉이 암시하듯이 이 영화는 인간이 영혼(Ghost)과 육체(Shell)로 이루어져 있다는 이분법적 인간론을 사상적 배경으로 삼고 있다. 이 영화는 기계로 몸이 대체된 기계 인간이 여전히 이전의 인간과 같은 연속성을 지닌 인간인가라는 가상 미래에 일어날 법한 사회 문제를 다루고 있다. 이 영화는 매우 급진적으로 변형된 기계 인간이 다수인 사회를 다루고 있다. 또한 앞의 공각기동대와는 조금 다른 측면에서 인간 존재에 관한 질문을 다룬 영화 〈허〉는 인공지능으로 구현된 가상의 존재인 '사만다'라는 기계적 존재와 정서적 교감을 나누는 남자의 이야기를 다루고 있다. 이 주제가 많은 사람들에게 흥미를 유발하는 이유는 이 영화가 2013년에 발표되었음에도 현재 일어날 법한 가상 현상을 다루고 있다는 점이다. 〈허〉는 인간이란 무엇인지, 육체가 없는 가상적 존재와 감정의 교류나 연대는 가능한 일인지와 같이 매우 현실적이며 철학적인 주제를 다루고 있다. 가상의 사회에서 노동력만을 위해 복제된 인간이라는 주제를 다룬 〈블레이드 러너 2049(Blade Runner 2049)〉, 인공지능 로봇을 다룬 〈엑스 마키나(Ex Machina)〉와 같은 영화가 여러 편 제작되었다. 이러한 영화들의 이면에는 항상 인간을 어떻게 정의할 것인가라는 존재론적 질문이 공통으로 담겨 있다.

인공지능 시대를 마주한 현재, 미래의 인간에 대한 궁금증은 단순한 호기심 차원을 넘어선다. 고도화된 과학기술의 발전은 과학기술 그 자체만으로 끝나는 것이 아니라 인간의 실존, 즉 인간의 몸과 정신에도 직접적인 변화를 일으킬 것이라고 예상되기 때문이다. 이 책의 8장과 9장에서는 기술 문명이 고도로 발전된 시대 속 인간을 다룬 작품인 〈얼터드 카본〉을 통해 그 이면에 깔린 인간론을 분석해 볼 것이다. 더불어 인간의 정신을 업로드하여 새로운 육체나 기계 장치와 연결하려는 현대 기업들의 시도를 다룰 것이다. 이 과정을 통해 현시대 사람들이 생각하는 인간과 삶이라는 주제 이면에서 작동하는 인간 이해를 고찰한다. 마지막으로 10장에서는 전통적인 인간의 정신과 육체의 관계를 다루는 주요 이론인 이원론, 단일론, 통합론을 살펴봄으로써 변화될 인간에 대한 가상적 현실과 연결해 본다.

최근 인공지능의 혁신적 발전은 인류가 상상할 수 없었던 세상을 살아갈 것임을 예고한다. 막연한 공포나 낙관이 아니라 좀 더 현실적인 미래에 대한 전망이 필요한 시기다. 이러한 급변하는 사회 환경 속에서 종교의 의미를 살펴본다. 전통적으로 신적 존재의 특질 중 가장 중요한 요소를 학자들은 전지(Omni-science)라고 이해했다. 인간의 지적 능력을 초월한 전지성을 신의 속성으로 이해하는 것처럼 인공지능은 인간의 지능을 초월해 버릴 수도 있다고 예견된다. 아직 완벽하다고는 할 수 없지만, 인공지능은 사람들의 질문에 이 세상 누구보다 가장 빠르고 많은 정보를 해박하게 대답한다. 이제 인공지능은 인간을 닮은 단계를 넘어서 신의 지능을 닮은 기술적 존재로 진화하고 있다. 인공지능이 앞으로 더 완전한 단계로 진화해 나간다면 사람들은 인공지능 없이는 중요한 의사결정을 하는 데 어려움을 겪을 수도 있다.

기독교적 관점에서 보자면, 신이 인간에게 가장 엄중히 경고하는 것은 인간이 신이 아닌 다른 피조적 존재를 신적으로 숭배하는 현상이다. 이를 우리는 흔히 우상 숭배라고 부른다. 우상은 어리석은 상징물이라는 뜻이다. 하지만 우리가 매일 사용하고 앞으로 더욱 급속히 진화할 인공지능은 어리석어 보이지 않는다. 인간이 만든 결과물임에도 인간은 그것이 이해하는 방식을 이해하지 못하는 시점인 특이점이 곧 도래할 것이다. 인간의 이성으로 이해할 수 없는 존재가 신인 것처럼 앞으로 인간들은 이해할 수 없는 초지능을 신적 존재의 현현으로 숭배할 가능성도 있다. 십계명의 첫 번째 항목은 '나 이외의 다른 신을 섬기지 말라'이다. 웬만한 질문에 척척 답을 주는 전지해 보이는 인공지능이 스스로 업그레이드되면서 점점 인간의 이해를 벗어나 인간의 눈에 마치 전능한 기계적 존재가 되지 않을까 우려된다. 아니 좀 더 정확히 말하자면 이 기술을 개발하고 상업화하여 모든 인류가

이 기술에 기대지 않고는 살 수 없게 된 세상이 곧 다가올 것이다. 스스로 진화하는 기술적 존재에 대한 통제권을 잃은 미래의 인류를 상상하는 것은 매우 두려운 일이다. 아마도 미래의 인류는 인간이 만든 전능한 기술을 통제하기 위해 그 어떤 세대보다 필사적으로 전능한 신의 도움을 간구하게 될지도 모른다.

01
가상현실의 실재성 문제

가상현실은 허구에 불과한가, 아니면 실재성이 있는가? 가상현실의 실재성 문제를 인과성을 중심으로 논의한다. 스크린상의 가상 객체나 참여자의 지각 작용 혹은 심리 효과만으로는 가상현실의 인과성을 설명할 수 없고, 둘 사이의 상호작용을 함께 고려해야 한다.

기후 위기와 인공지능?

가상현실의 실재성 문제

가상현실에 대한 정의는 다양하지만 이 글에서는 우리가 일상생활에서 경험하는 스크린 상의 컴퓨터 시뮬레이션 기술로 구현된, 상호작용 가능한 가상 환경에 국한한다. 가상현실은 우리가 늘 경험하듯 스크린 위에 펼쳐진 가상 객체(예: 컴퓨터 화면 상의 각종 이미지들) 사이의 인과적 사건이라든가 가상 객체와 참여자 사이의 상호작용으로 이루어진다(Chalmers, 2017: 312). 가상현실은 기본적으로 물리적 프로세스와 계산 기술의 산물로서 한마디로 '컴퓨터로 생성된 세계'다(Xueni & Hamilton, 2018).

가상현실이란 말을 창안한 하임(M. Heim)의 말대로 가상현실의 핵심은 컴퓨터를 기반으로 한 가상 환경이 실재처럼 경험될 수 있다는 데 있다(Heim, 1997:211). 이러한 생생한 경험을 가능하게 하는 세 가지 조건은 '몰입(immersion)'과 '현존(presence)' 그리고 '상호작용적 참여'다(Sanchez-Vives, 2005). 몰입의 정도는 원칙적으로 인간의 경험과 무관하게 측정되는 시스템의 객관적 속성인 반면, 현존은 그 시스템에 대한 인간의 반응을 가리킨다. 몰입과 현존의 상호작용을 통해 가상현실은 "황홀(ecstasy)"이라는 새로운 경험을 가능하게 하는 것이다. "황홀"이란 가상현실 맥락에서 사용자가 컴퓨터로 생성된 환경 내에서 느끼는 몰입적이고 현존적인 경험을 의미한다. 그렇기 때문에 가상현실은 무엇보다 디지털 테크놀로지를 통해 몰입과 현존을 구현하는 능력을 필요로 하며(Heim, 1997: 6), 가상현실의 구현 정도는 참여자의 동작에 대한 가상 객체의 반응과 같은 인과적 상호작용성에 의존한다. 그래서 가상현실 구현의 정도는 스크린 상의 가상 객체와 참여자의 상호작용에 대한 인과적 힘이 실제인가 하는 인과 효과의 실재성이 관건이 된다. 2007년 가상현실의 실재성에 관한 논쟁을 불러일으킨 데이비드 차머스(D. Chalmers)의 "가상과 현실(The Virtual and the Real)"에서도 그 중심 논제는 가상현실의 인과의 실재성 문제였다. 이 논쟁에서 차머스는 가상현실이 실재임을, 와일드먼(N. Wildeman)은 비실재, 즉 허구임을 주장한다.

먼저 가상실재론 즉, 가상현실의 실재성을 주장하는 차머스는 가상현실을 우리가 일반적으로 이해하듯 "마치 존재하는 것 같지만 실제로는 존재하지 않는 것"이 아니라 "컴퓨터로 생성된"(Chalmers, 2017: 318~319) 것으로 정의하고 있다. 그리고 컴퓨터로 생성된 가상 객체는 디지털 데이터로 환원되므로 가상 객체가 물질적으로도 존재한다고 주장하며 그 인과가 물리적이라고까지 한다. 예를 들어, 비디오 게임의 탱크와 같은 가상 객체는 게임 내의 다른 객체를 부수거나 플레이어의 행동에 영향을 미치는 것과 같은 이벤트를 일으킬 수 있다는 것이다. 이와 같이 차머스가 가상 객체의 실재성을 주장하는 가장 큰 이유는 가상 객체가 가상현실 속의 다른 객체나 참여자에게 인과적 효과를 가지고 있다고 생각하는데 있다. 그리고 이러한 경험의 인과적 원인은 당연히 디지털 데이터라는 물리적 실재가 있으므로 가상 객체는 실재라고 주장하며 이를 통해 가상현실을 존재론적으로 근거 지을 수 있다고 생각하는 것이다. 이런 이유로 차머스는 가상현실의 가상 객체가 전적으로 허구로 이해되는 것을 거부한다. 이런 점에서 가상 객체가 실재라고 주장하는 차머스의 가상실재론은 디지털 실재론 나아가 강한 디지털주의 입장에 서 있다고 할 수 있겠다. 어쨌든 차머스는 가상 세계에서 우리가 참여하는 실재적 기반을 찾아내고자 했으며, 이를 가상 객체 간의 인과적 상호작용, 가상 객체와 참여자와의 인과적 상호작용의 기반이 되는 디지털 객체에 두고 있다.

한편 가상현실이 허구에 불과하다는 가상 비실재론의 대표 진영은 맥도널(N. McDonnell)과 와일드먼(N.

Wildman)이다(McDonnell & Wildman, 2019). 그에 따르면 가상 객체가 참여자에게 인과적 효과를 가지고 있는 것처럼 보이지만 이는 단지 시뮬레이션에 의한 인과적 효과를 가질 뿐 외부 세계에 직접 영향을 미치거나 물리적 객체와 동일한 인과적 힘을 가지지 않는다. 가상현실의 인과성은 물리적 세계의 실제 인과성과 동일한 것이 아니라 본질적으로 알고리즘 데이터와 프로그래밍의 결과일 뿐이다(Kohár, 2024). 그래서 참여자가 가상 세계에서 경험하는 인과적 효과는 가상 세계에서 실제로 변화를 일으키지 않으며, 가상 객체를 표현하는 디지털 프로그래밍에 의해 촉발된 일종의 환영(illusion)에 지나지 않는다는 것이다. 그러나 이런 관점은 참여자의 감정적이고 실존적 차원을 배제하므로 가상현실에서의 경험과 그 의미를 축소하는 결과를 야기한다. 가상 신체를 예로 들어보자. 가상 신체는 가상공간에서의 의식 우선성을 보여주는데, 자신의 가상 팔이 공격당하는 모습을 보는 참여자는 비록 그 통증의 정도가 실제 통증과는 다르기는 하지만, 실제 자신의 팔이 공격당했을 때 예상되는 생리적 반응이나 뇌 활성 반응을 보인다는 것은 잘 알려져 있다(González-Franco et al., 2013). 이처럼 가상공간의 가장 큰 특징은 지각되는 것은 실재가 아니지만 지각 자체는 실재라는 점이다.

그렇다면 가상현실에서 일어나는 사건의 인과성에 대해 우리는 어떻게 받아들여야 할까? 만일 가상현실이 와일드먼이 주장하듯 그 인과성이 단지 허구에 불과하다면 가상현실은 우리와는 무관한 한갓 공상의 세계에 불과할 것이다. 그러나 가상현실을 경험하며 황홀(감)을 체험하기도 하고 심지어 의식의 변화를 겪기도 한다는 점에서 다만 허구나 단순한 심리적 현상이라 할 수만은 없다. 한편 차머스처럼 가상 경험을 구축하는 디지털 같은 물리적 기반에서 그 실재성을 찾고자 할 경우, 가상객체의 인과를 디지털 알고리즘으로 환원하여 프로그래밍의 논리성만 고려하게 되고, 참여자와의 상호작용은 도외시되는 결과를 가져온다. 더구나 가상현실의 인과성이 그 인과성을 설명하기 위해 디지털 데이터에 의존한다는 점에서 경험의 실재성을 설명하기에는 설득력이 약하다(Beisbart, 2023: 319~320).

가상현실에서의 체험이 한편으로는 실제일 수도 있고 다른 한편으로는 허구일 수도 있다는 이러한 모순은 디지털 시뮬레이션과 인간의 심리 의식적 차원을 이분법적으로 대립시키기 때문에 초래되는 결과다. 디지털 시뮬레이션과 인간의 심리 의식적 차원을 별개의 것으로 보는 이러한 이분법적 이해는 가상현실을 통해 우리가 겪는 몰입적 체험과 그로 인해 우리가 겪기도 하는 정체성 등의 변화와 그 인과성을 제대로 파악하지 못한다. 만일 가상현실이 디지털 시뮬레이션과 우리의 지각 및 의식의 상호 구성적 상호작용을 통해 생성된 것으로 이해한다면 가상현실의 인과성과 나아가 체험의 실재성은 더 설득력 있게 설명될 수 있을 것이다. 이를 위해 우선 가상현실이 디지털 시뮬레이션과 지각적 차원에서 상호 구성적임을, 이어서 담론적 차원에서 상호 구성적 산물임을 살펴보자.

가상현실: 디지털 물질성과 지각 작용의 상호 구성물

가상공간의 심리적 지각의 실재성이 두드러지게 나타나는 지점은 특히 공간 지각과 관련된다. 가상공간은 뉴턴 물리학적 공간과는 전혀 다른 식으로 지각된다. 스크린 밖의 연장성(延長性)을 특징으로 하는 물리 공간과 달리 스크린 안의 가상공간은 0과 1의 조합에 의해 구성된 객체와 반응함으로써 지각되는 공간이다. 공간성 자체가 가상 환경과 지각의 상호작용의 산물인 것이다.

가상 환경과 지각의 이러한 상호작용에 대해 깁슨(J.

Gibson)의 생태학적 지각 이론(ecological theory of perception)은 중요한 통찰을 제공한다. 그에 따르면 우리의 지각은 감각 기관이 수용한 감각 자료로부터 정신적 표상을 구성하거나 해석함 없이 환경과 직접 상호작용하며 물체와 물체의 속성(예: 깊이 및 질감)을 지각한다. 그래서 지각은 마음이나 뇌 내부에서 일어나는 것이 아니라 유기체와 환경 간의 상호작용에서 창발하는 속성이며 또한 이로 인해 유기체-환경의 일체감을 갖게 하는데 이는 가상공간에서도 마찬가지다(Gibson, 2014: 58~84). 이 점에서 깁슨의 생태학적 지각 이론은 가상객체의 인식이 단지 인지력만의 문제가 아님을 보여준다.

스크린의 경우를 보자. 스크린과 같은 인터페이스는 가상공간과 현실 공간을 나누기도 하지만 또한 두 공간을 연결시켜 새로운 관계를 구축하는 민감한 경계 영역이다(Poster, 1995: 37). 가상공간에 대한 우리의 지각작용을 인터페이스에 비유하여 설명하는 호프만(D. Hoffman)의 지각의 인터페이스 이론(Interface Theory of Perception, ITP)에 따르면, 지각은 현실을 있는 그대로 정확하게 재현하는 데 목적이 있는 것이 아니라, 세상을 효과적으로 탐색하고 반응하는 데 그 목적이 있다

(Hoffman, 1998: 196~197). 이를 위해 사실을 숨기거나 단순화하여 실용화한다는 것이다. 즉 지각은 객관적인 사실에 대한 인지보다 유용성과 효용성을 중심으로 작동한다. 예를 들면 우리의 시지각은 가시광선만 수용하고 다른 빛들은 걸러낸다. 태양에서 오는 빛 가운데 가시광선이 가장 많고 이 빛에 민감하게 반응하는 것이 생존에 더 유리하기 때문이다. 이와 같이 색상, 소리 등에 대한 우리의 감각적 반응은 대상을 그대로 받아들이거나 대상의 작동 방식의 실제 모습을 따르지 않고, 우리가 환경과 상호작용하는 데 더 실용적으로 단순화되고 구조화되어 있다. 이와 같이 우리의 지각은 현실을 그대로 반영하지 않고 거르거나 변형하는 인터페이스 역할을 한다는 것이다. 바로 이런 점에서 호프만이 지각의 작동 방식을 컴퓨터 화면의 아이콘에 비유하고 있는 것이다. 실제 컴퓨터 상의 아이콘은 대상을 있는 그대로 재현하지도 않고 컴퓨터의 작동 방식을 나타내지도 않을 뿐만 아니라, 오직 사용자가 편리하고 효용력 있게 반응하는 것을 목적으로 실용적으로 단순화되어 있는 것이다. 어떻게 보면 의식은 외부 세계의 진정한 본질을 드러내기보다는 생존과 번식을 용이하게 하기 위해 우리의 뇌가 만든 가상현실과 상호작용하는 것이다. 특히 카사티(R.

Casati)는 가상공간의 그래픽적 단점이 가상현실 참여자의 참여나 몰입의 정도에 의해 보완될 수 있음을 보여준다. 이는 가상 환경을 실재처럼 지각하게 되는 것은 고도의 그래픽을 사용하여 실제 세계에 가능한 가깝게 묘사하는 데 있는 것이 아니라 가상 객체를 지각하는 의식의 정서적 친숙함이 반영되는 것이 가상공간의 실재성에 본질적으로 더 기여함을 의미한다. "VR의 현실감은 과학적 계산에서 나온 것보다 훨씬 더 실용적인 거주 적합성에서 비롯된다. … 가상 세계는 일차 세계와 기능적 동형을 달성할 수 있다. 그것은 일차 세계를 재현할 필요가 없고 단지 유사한 거주 가능성을 조성하기만 하면 된다"(Casati & Pasquinelli, 2005). 이런 점을 고려한다면 가상 세계에 대해 거주 개념을 쓴 것은 가상 세계의 정신적 특성을 잘 포착해 보여주고 있다. "어떤 장소에 뿌리를 내리고 체류하면서 세계와 관계를 맺으며 존재"(강학순, 2011: 207)하는 인간의 실존 방식은 가상 세계에도 예외는 아닌 것이다.

가상 환경의 거주 가능성은 실제 세계인 일차 세계에 대한 충실도보다 우리의 정신성에 대한 수용성이 더 본질적임을 말하는데 이러한 특성은 가상 캐릭터인 아바타의 경우 더 분명하게 드러난다. "가상 캐릭터는 일반적으로 인간과 유사한 애니메이션이 더 많고 상호작용이 더 잘 되도록 프로그래밍되어 있을 때 더 그럴듯하다고 인식되지만, 이러한 캐릭터의 그래픽적 사실성 수준이 더 높다고 해서 반드시 공존 수준이 높아지는 것은 아니다"(Xueni & Hamilton, 2018: 12～13). 이는 고도의 그래픽에 의한 사실적 묘사보다 정서가 반영된 담론적 구성이 더 중요함을 의미한다. 이렇게 볼 때 가상 객체는 인간의 지각이나 상호작용과 무관하게 실제 인과적 영향은 미칠 수 없음이 분명하다(Bucchioni & Declos, 2024). 가상현실은 몰입을 가져오는 시뮬레이션 뿐 아니라 그에 대한 반응의 정도인 현존 즉 감정적 또는 실존적 차원에 의해 구현되기 때문에 가상현실의 인과성과 실재성은 가상 세계의 물리적 기반과 더불어 사용자의 경험, 즉 인간과 비인간의 상호작용을 고려해야 한다. 가상현실의 인과성과 실재성은 디지털의 물리적 기반과 우리의 담론적 측면과의 매개의 산물이며 이는 가상공간과 현실 공간을 단순히 이분법적으로 나눌 수 없음을 시사한다.

이런 이유에서 월튼-허구주의(Virtual Walton-fictionalism)는 차머스가 해명하려 했던 가상현실의 실재성과 인과성을 가상현실의 담론 구성을 통하여 이해하고자 한다. 이를 통해 가상 월튼-허구주의는 참여자의 주관적 측면이 가상현실에 어떻게 인과적 효과를 발생시키고 경험에 의미를 부여하는지에 대한 설득력 있는 설명을 제공한다.

참고문헌

강학순(2011). 《존재와 공간: 하이데거 존재의 토폴로지와 사상의 흐름》. 한길사.

Beisbart, C.(2019). Virtual Realism: Really Realism or only Virtually so? A Comment on D. J. Chalmers's Petrus Hispanus Lectures. *Disputatio, 11*(55), pp.297~331.

Bucchioni, G. & Declos, A.(2024). The Constitution of Virtual Objects. *Dialogue: Canadian Philosophical Review/Revue canadienne de philosophie*, pp.1~21. https://doi.org/10.1017/S0012217324000155

Casati, R. & Pasquinelli, E.(2005). Is The Subjective Feel of 'Presence' an Uninteresting Goal?. *Journal of Visual Language and Computing, 16*(5), pp.428~441.

Chalmers, D.(2017). The Virtual and the Real. *Disputatio, 9*(46), pp.309~352.

Gibson, J.(2014). *The Ecological Approach to Visual Perception.* Psychology Press.

González-Franco, M. et al.(2013). A threat to a virtual hand elicits motor cortex activation. *Experimental Brain Research, 232*(3), pp.875~887.

Heim, M.(1993). *The Metaphysics of Virtual Reality.* Oxford

University Press. 여명숙 옮김(1997). 《가상현실의 철학적 의미》. 책세상.

Hoffman, D.(1998). *Visual Intelligence: How We Create What We See*. W. W. Norton & Co.

Kohár, M.(2024). Illusionism about virtual causation. *Inquary: An Interdisciplinary Journal of Philosophy*. https://doi.org/10.1080/0020174X.2024.2403142

McDonnell, N. & Wildman, N.(2019). Virtual Reality: Digital or Fictional?. *Disputatio, 11*(55), pp.371~397. https://doi.org/10.2478/disp-2019-0004

Pan, X. & Hamilton, A.(2018). Why and how to use virtual reality to study human social interaction: The challenges of exploring a new research landscape. *British Journal of Psychology, 109*(3), pp.395~417.

Poster, M.(1995). *The Second Media Age*. Polity Press. 이미옥·김준기 옮김(1998). 《제2미디어 시대》. 민음사.

Sanchez-Vives, M. & Slater, M.(2005). From presence to consciousness through virtual reality. *Nature Reviews Neuroscience, 6*(4), pp.332~339.

02
가상 월튼 허구주의:
물질-담론적 인과성

가상 월튼 허구주의에 따르면 가상현실의 인과성은 가상 객체만의 효과나 참여자의 지각 작용 혹은 심리 효과 어느 한쪽에서 기인하는 것이 아니라 디지털의 물질적 요소와 참여자의 담론적 요소의 공작용에서 기인한다. 이는 경험을 풍부하게 할 뿐 아니라 새로운 경험을 가능하게 함을 보여준다.

노래하는 AI 보컬?

가상 월튼-허구주의는 켄달 월튼(K. Walton)의 허구 이론을 가상환경에 적용한 것으로 그에 따르면 가상현실 참여자는 가상현실이 허구 놀이(make-believe)처럼 실제가 아니라는 것을 알면서도 실제인 양 가상현실(또는 허구적 서사)과 상호작용한다고 제안한다(Walton, 1990: 6장).

여기서 가상환경 혹은 허구적 서사는 한마디로 말하자면 어린이의 소꿉놀이(make-believe)와 같은 것이다. 소꿉놀이를 한번 상상해 보자. 소꿉놀이는 상상적 서사와 소품에 의해 진행된다. 경험적 혹은 상상적 규칙(담론)과 소품이 함께 짜여 새로운 의미가 만들어진다. 월튼은 소꿉놀이에서 소품으로 사용될 수 있는 것을 허구로 정의하고 있는데(Walton, 1990: 2장), 소품들은 또한 담론을 참조하면서 소꿉놀이의 내용을 이끌어가며 의미를 결정한다(Chen, 2023: 6). 그는 그림과 같은 재현 예술 또한 소품 역할을 하여 관람자의 담론 규칙과 상호작용하며 상상력을 불러일으키는 허구 놀이의 하나로 본다. 이와 같이 월튼의 허구 이론은 소품과 상상적 규칙인 담론이 상호작용하여 상상력 있는 경험을 촉발하며 의미가 만들어지는 방식을 탐구한다. 그 핵심은 몰입형 경험이 허구에 의존한다는 것이다.

> "그림, 연극, 영화, 소설을 이해하려면 먼저 인형, 취미용 말, 장난감 트럭, 테디 베어를 살펴봐야 한다. 재현 예술 작품에 내재되어 있으면서, 그 작품에 그 의미를 부여하는 활동은 어린이의 소꿉놀이와 연속선에 있는 것으로 보는 것이 가장 좋다. 사실, 나는 이러한 활동을 허구 놀이 자체로 간주하는 것을 옹호하며, 인형과 테디 베어가 어린이 놀이에서 소품 역할을 하는 것처럼 재현적 작품이 그러한 놀이에서 소품 역할을 한다고 주장하고자 한다"(Walton, 1990: 11).

예술, 문학, 미디어 등 허구 세계에 참여하는 것은 어린이의 소꿉놀이와 비슷하게 구조화된다는 것인데, 한마디로 가상현실이 일종의 월튼-허구(walton-fiction)이며, 가상현실에 참여하는 것은 월튼-허구에 참여하는 것과 그 종류가 다르지 않다는 것이다(Engisch & Langkau, 2023: 243~246).

그렇다면 가상 월튼-허구 이론에서 인과관계는 어떻게 이해할 수 있을까? 월튼 허구주의에서 가상현실의 인과관계는 개발자가 허구 세계를 위해 만든 임의적 규칙이고, 사용자는 가상 세계 내에서의 상호작용이 이 인과 규칙을 따른다고 가장하는 허구 게임이라고 보는 것이다. 참여자는 이 허구 게임에 들어가 일시적으로 이러한 규칙을 사실인 것처럼 받아들이며, 가상 환경이 "실재"가 아니라는 것을 알고 있지만 책이나 게임에서 허구적 서사에 참여하는 것처럼 시뮬레이션의 규칙을 따라 의미 있게 참여한다는 것이다. 그리하여 가상 환경의 "실재성"을 고집하기보다는 허구적 구성물로서의 인과관계 자체의 해석적이고 참여적인 본질에 초점을 맞춘다. 즉, 가상현실의 인과관계가 물리적 현실에 근거하지 않은 시뮬레이션이라는 생각을 수용하며, 가상 객체 자체의 규칙성과 참여자의 해석적이고 상상적인 참여가 가상 세계를 만들어 낸다. 예를 들어 중력의 크기 등은 프로그램에 의해 새로이 구성 가능하고 그 규칙에 따라 사용자는 상호작용할 수 있으며 가상현실 내의 인과관계를 해석하고 의미 있게 참여할 수 있다. 따라서 가상현실의 인과관계는 본질적으로 구성된 것이라 할 수 있고 이것은 오히려 사용자에게 다양한 해석의 여지를 제공하여 경험을 풍부하게 할 수 있다. 결국 가상현실과의 상호작용에서 실제 경험에 대한 의미를 구성하는 데서 사용자의 해석적 역할을 무시할 수 없는 것이다. 이런 점에서 가상현실은 그 태생에서 일방적이 아니라 쌍방적 상호작용에 의해 구성된다. 이는 매스미디어가 추구해 온 길이기도 하다.

> “매스미디어는 특정한 방향으로 공간의 의미를 만들어 내거나 공간 기획자들이 만들어 낸 공간의 의미를 일방적으로 전달하면서 지배적인 공간 담론을 창출하고 전파하는 데 기여한다. … 공간과 관련된 서사는 매스미디어에 의해 일방적으로 주어졌으며, 개인에게는 공간의 서사에 참여할 수 있는 여지는 주어지지 않았다. … 뉴미디어는 개인이 공간 서사 구축에 참여할 수 있게 해 주었으며 자신들만의 공간 서사를 만들어 나갈 수 있게 해 준다”(노기영 · 이준복, 2017:190～191).

가상 월튼-허구주의가 가상실재론 혹은 가상 비실재론 보다 가상현실의 인과의 실재성에 대해 훨씬 설득력 있는 설명력을 제공하는 것은 바로 이 지점이다. 즉, 두 경우가 각각 디지털 데이터 기반의 가상현실 혹은 참여자의 의식에서 인과관계의 토대를 찾고자 하는 데 반해 가상 월튼-허구론은 가상현실의 규칙성과 참여자의 경험이 함께 구성하는 인과성을 초점에 둔다. 즉 가상 월튼-허구론은 디지털 데이터의 규칙성 외에 무엇보다 인과관계를 구성하는 데서 사용자의 해석적 역할을 강조할 뿐 아니라 인과관계를 내러티브, 감정 및 참여적 경험에 통합하여 보다 전체적인 프레임워크를 만든다는 점이다

(Chen, 2023: 9~10). 그리하여 앞에 든 중력의 예에서처럼 현실 세계의 원칙에 고정할 필요 없이 환상적이고 비물리적인 인과 규칙 또한 더 잘 처리한다. 이와 같이 가상 월튼-허구론은 가상현실 자체 내의 규칙성뿐 아니라 참여자의 경험적 인과관계를 수용함으로써 가상현실 내의 인과관계가 유연성을 가짐을 설득력 있게 제시한다. 그래서 심지어 하임은 가상 세계는 지나치게 실제 세계와 같아서는 안 되고 "덜 실재적인 것이 오히려 우리의 상상력을 자극"(Heim, 1997: 213)한다고 지적하기까지 한다. 월튼-허구주의가 지지하는 가상현실의 인과의 실재성은 가상 세계 내의 인과관계뿐 아니라 참여자의 경험적 인과관계, 참여자의 해석적 역할, 상상적 참여 모두와 연관됨을 보여준다. 즉 참여자의 경험이 가상 세계 구성에 참여할 뿐 아니라 참여자는 가상 세계의 일부로서 인과관계를 해석하며 참여하는 것이다. 따라서 가상현실의 인과의 실재성은 참여자의 현실 세계에서의 인과적 담론 구성과 가상현실의 규칙이 공-구성(共-構成)적으로 만들어 낸 실재성으로 이해할 수 있다.

예를 들면 VR 게임에서 물질적 요소(예: 가상 객체, 가상 캐릭터)는 스토리와 게임플레이 메커니즘의 담론적 측면과 상호작용한다. 플레이어가 내러티브에 참여하고 선택을 하는 방식은 VR 환경의 물리적 디자인과 경험을 안내하는 내러티브 프레임워크 모두의 영향을 받는다. 뿐만 아니라 물질적 디자인과 스토리텔링 담론의 통합은 플레이어의 몰입형 경험을 공동으로 구성한다(Vallance & Towndrow, 2022). 즉, 일종의 담론적 구성이 가상 객체들(소꿉놀이에서 소품) 사이에 일어나는 사건을 실제적 인과관계가 있는 것처럼 보이게 만들어주며, 몰입을 가능하게 하고 현존을 느끼게 하는 것이다. 이처럼 월튼-허구론의 입장에서도 가상현실은 담론과 상호 형성적인 관계에 있다.

> "가상현실은 컴퓨터에 기반한 기술이지만, 하나의 담론으로서 그것은 더 오래된, 전통적으로 컴퓨터에 기반하지 않은 담론들을, 특히 디자인, 예술, 오락, 커뮤니케이션과 심지어 철학의 담론들을 식민화하려 해 왔다. 그것은 낡은 것들을 개선할 수 있는 '가능 기술'을 가지고 있다고 주장한다. 이 과정은 기술과 전통적 담론들 모두를 (이것들과 결합된 의미를 변화시킴으로써) 재주조하게 된다. 이렇게 하기 위해 가상현실의 주창자들은 컴퓨터에 관한, 그리고 전에는 컴퓨터와 연관되지 않았던 담론들에 관한 사람들의 인식을 바꾸려 해왔다"(Chesher, 1996: 290).

이와 같이 가상 월튼-허구론의 입장에서 가상현실은 물질적 요소와 담론적 요소 가운데 어느 하나를 특권화하지 않고 디지털 장비를 통해 그 두 요소가 내부적 상호작용의 결과로 현출된 것으로 이해할 수 있다. 즉 가상현실은 테크놀로지와 우리의 담론의 상호작용을 통해 몰입적이고 현존적인 경험, 즉 황홀이라는 의미를 만들어 낸다. 이처럼 인간과 비인간이 만나 실재를 만들어 낸다는 점에서 인간뿐 아니라 비인간 역시 행위자로 볼 수 있으며(가상 객체와 참여자), 이 두 행위자의 내부적 작용에 의해 새로운 경험과 의미를 창출해 낸 것이라 할 수 있다. 그렇다면 가상현실을 두 행위자의 공-작용의 결과로 볼 때 그것이 갖는 윤리적 함의를 살펴보기 위해 먼저 행위자-실재론이 무엇인지 다음 장에서 간단히 알아보자.

참고문헌

노기영·이준복(2017). 《뉴미디어와 공간의 전환: 가상현실 공간의 대안성과 자유에 대한 탐구》. 한울.

Chen, M.(2023). The philosophy of the metaverse. *Ethics and Information Technology, 25*, 41.

Chesher, C.(1994). Colonizing virtual reality: Construction of the discourse of virtual reality. *Cultronix, 1*(1). 홍성태 편(1996).

《사이버공간, 사이버문화》, 257~304쪽. 문화과학사.
Engisch, P. & Langkau, J.(2023). *The Philosophy of Fiction: Imagination and Cognition*. Routledge.
Heim, M.(1993). *The Metaphysics of Virtual Reality*. Oxford University Press. 여명숙 옮김(1997). 《가상현실의 철학적 의미》. 책세상.
Vallance, M. & Towndrow, P.(2022). Perspective: Narrative Storyliving in Virtual Reality Design. *Frontiers in Virtual Reality, 3*.
Walton, K.(1990). *Mimesis as make-believe: On the foundations of the representational arts*. Harvard University Press.

03
행위자 실재론의 실재

바라드는 양자얽힘 현상을 통해 실재란 두 행위자에 선행하는 내부-작용에 의해 공구성됨을 보여준다. 이에 따르면 가상현실은 단순히 현실을 재현한 것이 아니며 물질(가상 객체)과 인간 정신(담론)이 함께 공구성해 낸 물질-담론적 실재성을 지닌다.

인공지능과 편향?

1962년 마투라나(Humberto R. Maturana)와 바렐라(Francisco J. Varela)의 개구리 인지력 실험은 세계와 우리의 인식 사이의 관계에 대해 인상적인 통찰을 제공한다. 그 실험에 따르면 인간과 달리 개구리는 사물의 움직임만을 인식할 수 있을 뿐이다. 개구리는 움직이지 않는 사물은 인식할 수 없기에 개구리 앞에 펼쳐진 세계는 우리가 인식하는 세계와는 전혀 다른 세계인 것이다(Hayles, 1999: 243~256).

칸트는 우리가 물자체(우리 인식 개입 이전의 사물 자체)는 인식할 수 없고 우리 인식 능력이 구성해 낸 현상으로서의 세계를 인식할 수 있을 뿐이라고 하며 우리 인식 능력의 한계를 정한다. 그에 따르면 우리가 인식할 수 있는 것은 현상으로서의 세계뿐이며, 물자체의 세계를 직접 참조하는 것은 가능하지 않다. 결국 칸트는 현상과 물자체를 구별하여 물자체가 사유는 가능하지만 인식은 불가능하다고 주장함으로써 물자체(존재)와 인식(사유)을 영원히 분리된 영역에 귀속시켰다. 그러나 양자 물리학의 양자 현상(quantum phenomena)에서 비롯된 인식론은 존재와 인식이 함께 작용하여 실재를 함께 구성해 낸다는 존재-인식론을 제시한다. 이러한 생각을 양자 현상을 통해 끝까지 추구해 간 사람 중 한 명이 캐런 바라드(K. Barad)다. 《우주 중간에서 만나기(Meeting the Universe Halfway)》에서 그녀는 양자 현상을 통해 존재-인식-윤리적 실재 개념을 정립하고 있다. 실재에 대한 그녀의 이해는 행위자-실재론(agential-realism)으로 널리 알려져 있다. 여기서는 가상현실의 이해에 필요한 정도의 핵심적 기본 개념만을 제시하고자 한다.

행위자-존재론은 양자얽힘(quantum entanglement) 현상에 대한 철학적 해석을 통해 실재를 행위자-실재론적으로 이해할 것을 제시한다(Barad, 2007). 원자, 전자 등 양자적 대상(quantum object)을 측정할 때 관측 장비 또한 현상에 관여하기 때문이다. 그에 따르면 우리는 과학이 가정하는 객관적 대상(소위 물자체)에는 접근할 수 없고, 대상 자체와 관측 장비(인식 주체인 관찰자)가 만들어 내는 현상이 우리가 접근할 수 있는 유일한 실재다. 즉, 실재는 관측 대상인 대상 자체(행위자a)뿐 아니라 관측 장비(행위자b)에 의해 형성된다. 그래서 두 행위자가 공-구성해서 나타난 '현상'이 바라드에게 있어서 '실재'의 기본단위다. 이로부터 바라드는 관계 개념을 새롭게 한다. 관계란 서로 관계하는 두 행위자 사이의 관계가 아니라, 두 행위자에 선행하여 주객 구분 이전의 '내부 작용(intra-action)'을 통해 서로 함께 작용하며 실재인 현상을 공-구성해 가는 것이다. 이러한 이론의 방법론을 그녀는 회절(回折) 방법론(diffractive method)이라 부르고 있는데(Barad, 139: 333) 회절 현상을 통해 방금 설명한 것을 직관적으로 알아보자.

평면형 파동(물자체)은 틈(인식 기관)을 통과하면서 동심원 파동으로 변한다. 이러한 현상을 물리학에서는 회절(diffraction)이라 부른다. 틈을 우리의 인식 기관으로 평면형 파동을 인식 이전의 물자체로 볼 때 우리가 인식하는 동심원형 파동은 우리가 경험할 수 있는 유일한 현상이다. 우리는 동심원 파동 이전의 물자체로서의 평면파는 인식할 수 없으며 이것이 우리 인식의 한계다. 여기서 동심원 파동은 우리 인식이 혼자서 구성해 낸 것이 아니라 평면형 파동과 틈이 내부적으로 상호작용(내부-작용)하며 회절하여 동심원형 파동을 만들어 낸 것이다. 따라서 동심원형 파동은 평면형 파동과 인식 기관이 인식 이전에 함께 상호작용하여 공-구성해 낸 현상으로 우리가 도달할 수 있는 유일한 실재다. 행위자-실재론(agential-realism)에 따르면 사물 자체(평면형 파동)도 관찰자(틈)도 각각 독립적인 행위자이며, 두 행위자의 행위가 공동으로 만들어 내는 현상이 실재다. 이때 행위는 두 행위자의 반성적 행위 이전의 전반성적 차원에서 일어난다는 점에서 내부-작용(intra-action)이라 불린다. 바라드의 현상 개념의 특징은 내부-작용하는 행위성은 존재론적으로 분리 불가능하다는 데 있다. 이에 대한 바라드의 정의를 직접 들어보자.

> "개별적으로 규정되는 실체(individually determinate entities)는 존재하지 않기 때문에 측정에서 별개의 실체들(separate entities) 사이의 상호작용이란 있을 수 없다. 오히려 규정된 실체는 그들의 내부-작용에서 발생한다. 이들의 존재론적 분리 불가능성을 나는 개체주의의 형이상학(특히, 현상에 선행하여 존재하는 규정된 실체)에 의존하는 일반적인 '상호작용'과 대조하여 '내부-작용'이라는 용어를 도입하고자 한다. 현상은 '대상'과 '측정 주체'의 특별한 상호작용이다. 대상과 측정 주체는 그것을 생성하는 상호작용에 선행하는 것이 아니라 그 상호작용으로부터 발생한다" (Barad, 2007: 128).

이러한 현상은 양자 세계에서 더 구체적으로는 파동-입자 이중성을 통해 이해할 수 있다. 전자에는 up, down이라는 두 가지 상태가 있다. 그러나 우리의 인식이 개입하지 않으면 전자는 up, down 동시 상태에 있으나, 우리의 인식이 개입하면 up 혹은 down 상태로 전이한다. 그래서 우리가 인식하는 전자는 언제나 up 아니면 down이다. 인식 전의 동시 상태에는 우리가 절대 도달할 수 없다. 우리가 인식하게 되는 전자의 상태(up 혹은 down)는 인식 전의 전자와 우리의 인식이 내부-작용을 통해 함께 공-구성해 낸 것이라 할 수 있다.

이는 객관적 자연이 선재하고 인간이나 개구리가 자연이라는 대상을 인식 기관을 통해 객관적으로 구성 혹은 인식하는 것이 아니라 인간의 인식 기관 혹은 개구리의 인식 기관과 인식 이전의 자연이 내부-작용을 통해 우리가 경험하는 대상 세계가 공구성됨을 의미한다. 여기서 우리는 개구리의 인식 기관, 인간의 인식 기관을 기술적 장비로 보아도 좋다. 행위자-실재론에 따르면 물자체인 자연을 어떤 장비로 들여다보느냐에 따라 자연은 다르게 현상된다. 그 현상은 대상 자체(혹은 물자체)와 장비가 공구성해 낸 것으로 우리가 도달할 수 있는 유일한 실재다. 칸트의 초월론이 물자체를 사유 바깥에 있는, 인식할 수 없는 것으로 보았고, 독일 관념론은 모든 사물을 사유 안으로 불러들였다면, 행위자-실재론은 우리가 보는 세계는 인식 이전의 세계(물자체의 세계)와 인식 주체의 인식 능력이 내부-작용을 통해 서로 얽히며 함께 구성해 낸 것으로 이해한다(Barad, 2007: 67~70).

양자얽힘이라는 양자 현상에 근거한 행위자-실재론은 독립적인 개체들 간의 상호작용이 아니라, 개별화 혹은 객관화되기 이전 즉, 주객의 구분이 일어나기 전 내부적으로 상호작용하며 함께 만들어 낸 현상을 실재로 이해함으로써 주체-객체, 물질-정신, 물질-의미 등 이전에는 이분법적으로 이해되었던 것들이 내부적으로 상호구성하며 분리할 수 없이 상호 연결되어 있음을 강조한다(Hollin et al., 2024). 양자얽힘에 근거한 바라드의 이러한 존재-인식론적인 행위자 실재론은 근대의 관찰자와 관찰 대상, 정신과 물질, 주체와 객체, 인간-비인간 등의 데카르트적 이원론의 한계를 극복하고자 한다. 이러한 이해는 모든 개체는 서로를 구성하는 내부-작용을 통해 발생한다고 봄으로써 주객의 구분이 지양될 뿐 아니라, 우주는 함께 내부-작용하며 서로 연결되어 있음을 함축한다.

참고문헌

Barad, K.(2003). Posthumanist Performativity: Toward an Understanding of How Matter Comes to Matter. *Signs, 28*(3), pp.801~831.

Barad, K.(2007). *Meeting the Universe Halfway: Quantum*

Physics and the Entanglement of Matter and Meaning. Duke University Press.

Chalmers, D.(2017). The Virtual and the Real. *Disputatio, 9*(46), pp.309～352.

Hayles, K.(1999). *How We Became Posthuman: Virtual Bodies in Cybernetics, Literature, and Informatics*. The University of Chicago Press. 허진 옮김(2013). 《우리는 어떻게 포스트휴먼이 되었는가》. 플래닛.

Hollin, G. et al.(2017). (Dis)entangling Barad: Materialisms and ethics. *Social Studies of Science, 47*(2), pp.918～941. https://doi.org/10.1177/0306312717728344

04
가상현실의 윤리적 함의

행위자 실재론에 따르면 가상현실은 존재-인식론적인 것을 넘어 윤리적 측면을 함의하고 있음을 보여준다. 가상현실은 물질-담론적 구성에 의해 새로운 방식의 실천이 이루어지는 공간이며, 우리가 현실을 만드는 방식에 대해 끊임없는 비판적 응답을 요구한다. 그래서 또한 가상현실은 우리에게 윤리적 책임을 요청한다.

청각장애인과 AI?

가상현실의 물질 담론성

행위자-실재론을 토대로 가상현실이 만들어 내는 황홀은 디지털의 물질성(행위자a)도 참여자의 담론(행위자b)도 아니라 행위자a와 행위자b가 내부-행위를 통해 만들어 내는 현상 즉, 행위적 실재라 이해할 수 있다. 다시 말해 가상현실의 황홀은 독립적인 두 행위자(디지털 객체와 참여자) 사이의 독립적 상호작용이 아니라, 디지털 시뮬레이션의 규칙과 참여자의 현실의 인과적 담론이 내부-작용을 통해 서로 얽혀 발생한 것이다. 이때 소품(가상 객체)과 참여자의 허구적 담론이 가상 세계의 사건의 인과성을 사실성 있게 만들어 내고 여러 첨단 디지털 장비를 통해 몰입과 현존이 강화되어 우리는 황홀을 경험하는 것으로 이해할 수 있다.

이 지점에서 바라드가 의미하는 바 담론과 물질을 앞의 파동의 회절 현상을 통해 좀 더 구체적으로 규정해 보자. 바라드에게 담론이란 파동의 예에서 평면파를 일정한 규칙성을 띠도록 회절시키는 틈이라고 할 수 있다. 이는 푸코의 담론 이론에서 언어적 실천을 가능하게 하는 일종의 규칙성인 에피스테메와 유사한 것이다. 물질이란 물리적 실체가 아니라 담론에 의해 제정되는 것으로 평면파가 틈을 통과하면서 회절되어 생긴 동심원파가 바로 우리가 경험하는 현상으로서의 물질이다. 따라서 물질은 고정되어 있는 것이 아니라 담론(인식장비, 틈)에 의해 제정되는 것이고 그렇기 때문에 물질과 담론은 그 경계가 유동적이다. 결국 물질성과 담론성은 별개의 것이 아니라 상호 제정적인 것이다. 담론적 실천이란 물질과 담론 사이의 '경계 만들기 실천' 즉 주체와 객체를 생산하는 것으로(Barad, 2007: 821~822), 무엇이 의미 있는 진술로 간주될 수 있는지를 규정하는 지식 실천 행위라 할 수 있다(Barad, 2007: 821).

앞의 예에서처럼 동심원이라는 현상은 물자체라 할 수 있는 평면파와 틈이라는 인식 장비(담론)와의 내부 작용에 의해 공구성된 것이므로 순수 물질(평면파)은 존재하지 않고 오직 물질-담론적 실재만 존재한다. 물질과 담론 사이에는 명확한 경계가 존재하지 않으며 물질은 항상 이미 물질-담론적인 것이다(Barad, 2003: 824). 여기서 특정한 장비는 특정한 인과적 내부 작용을 통해 특정한 물질적 현상(동심원파)을 만든다는 점에서 어떤 장비를 가지고 대상을 탐구하느냐에 따라 실재인 현상이 달라진다고 할 수 있는데 이는 우리가 어떤 지식을 가지고 세계를 탐구하느냐에 따라 세계는 다르게 나타남을 함축한다. 이 점에서 행위자-실재론은 존재-인식론적인 것을 넘어 윤리적 측면을 함의하고 있다. 이는 대상에 대한 지식조차 우리가 적용하는 방법에 영향을 받기에 대상을 탐구하는 객관적이고 특권적인 위치는 없을 뿐 아니라 또한 역으로 우리의 지식이 실재에 영향을 미치기 때문이다.

물질과 담론의 바로 이런 내부-작용을 통해 가상공간의 몰입(감)과 현존(감)은 끊임없이 다양하고 극대화된 황홀을 만들어 낸다. 즉, 참여자의 경험은 스크린이 제공하는 물질과 내부-행위적으로 얽히며 차이를 발생하여 새로운 의미를 생산해 낸다. "담론 실천은 세계의 구체적인 물질적 (재)배치이며…지속적인 행위자의 내부-행위이자…인과적 내부-행위다…"(Barad, 2003: 820~821). 이 때문에 서사, 담론은 몰입적인 가상 객체를 통해 현존을 강화하며 황홀이라는 경험을 가능하게 한다(McDonnell & Wildman, 2019: 394~396). 이는 디지털 기반의 가상 세계가 단지 디지털에 의해 구성된 가상공간을 넘어 우리의 담론 역시 가상 세계를 함께 구성하므로 가상 세계는 정신성을 가진 공간임을 보여준다. 그러니까 여기서 가상 세계는 결코 객체만도 아니고 그렇다고 우리의 주관적 심리 현상만도 아니고, 인간과 기술이 내부적 얽힘을 통해 두 개가 서로 상호작용하며 만들어 낸 세계다. 그런 점에서 가상현실이란 테크놀로지와 인간 즉, 인간과 비인간이라는 두 행위자의 내부적 상호작용을 통해 만들어 낸 실재라 할 수 있겠다. 이 관점은 '가상'과 '현실'의 이분법적 구분을 거부하며 가상현실이 인간의 의식뿐 아니라 물질세계와도 결코 떨어져 있지 않음을 함축한다. 나아가 테크놀로지의 극대화로 인해 현실과 가상의 경계가 모호해지고, 인간과 기계 사이의 경계가 모호해진 포스트휴머니즘 시대에 가상현실은 현실의 필수 구성 요소임도 함축한다.

가상현실: 몰입과 현존의 황홀

가상현실을 행위자-실재론의 관점에서 볼 때 몰입과 현존을 통한 황홀 경험은 단지 가상 객체만의 문제가 아니라 물질적 디자인과 스토리텔링 담론이 함께 구성해 낸 것으로 볼 수 있다. 즉 황홀의 경험은 가상 객체만의 문제도 아니고, 담론만의 문제도 아니고 둘의 내부-행위에 의해 발생한 것으로 볼 수 있다.

내부-행위는 현실과 가상의 경계가 현상(가상현실)에 앞서 선재하는 것이 아니라 현실과 가상을 구분할 수 없는 모호한 영역이 있음을 말한다. 가상현실 맥락에서 내부-행위는 가상현실이 사용자의 가상현실 참여를 통해 생성된다는 점을 강조한다. 한마디로 디지털의 물질적 요소와 우리의 담론적 요소의 내부-행위에 의해 몰입과 현존이 가상현실을 창조해 내어 초월적 황홀로 경험되는 것이다.

> "VR(가상현실)의 맥락에서 '환상'은 사용자가 컴퓨터로 생성된 환경 내에서 느끼는 몰입형 경험을 의미하는데 몰입감의 요점은 내가 절벽에 있지 않다는 것을 확실히 알고 있음에도 불구하고 절벽에 서 있다는 환상이다. 그것은 지각적 환상이지만 인지적 환상은 아니다. 예를 들어 지각 체계는 위협(절벽)을 식별하고 뇌-신체 체계는 자동으로 빠르게 반응한다. 절벽을 실재로 인지한 것이다. 반면 인지 체계는 비교적 느리게 따라잡고 '하지만 이게 현실이 아니라는 걸 알아요'라고 결론 내린다. 하지만 그때는 너무 늦었고 반응은 이미 일어난 후다. 이것이 VR의 진정한 힘이며, 모든 환상과 마찬가지로 그것이 환상이라는 것을 알고 있더라도 이것은 당신의 지각이나 그것에 대한 반응을 바꾸지 않는다"(Slater, 2018: 432~433).

황홀의 경험은 단순한 수동적 수용이 아니라 사용자의 인식, 가상 환경, 기술이 상호작용하여 새롭고 창발적인 실재를 만들어 내는 능동적인 과정이다. 몰입과 현존을 만들어 내는 것은 물질적 요소와 담론적 요소의 내부 작용에 의해 가상현실이 "황홀"로 경험된다. 물질과 담론은 이렇게 내부-행위적으로 행위적 실재를 만들어 내며, 기존의 것을 재현하는 데 그치는 것이 아니라 부단히 새로운 실재에 대한 경험을 창조한다. 두 행위자(가상 세계의 가상 객체와 현실 세계의 참여자)가 내부-작용하며 가상현실이라는 실재를 만들어 간다는 점에서 가상 캐릭터인 아바타는 사용자와 전혀 무관한 존재가 아니고 사용자의 경험, 도덕적 판단, 행동에 대한 책임 등을 공유한다는 주장은 설득력이 있다(Banks, 2015).

한편 황홀의 경험과 같은 초월적 경험을 종교성과 관련짓는 게라시(M. Geraci)는 가상공간 설계자와 사용자의 참여가 개인의 행동을 새로운 방식으로 재지시한다는 점에서 가상공간을 종교성과 유사한 현상을 일으키는 곳으로 본다(Geraci, 2014). 물질적 세계에서 정신적 세계로의 전이와 정신적 세계에서 물질적 세계로의 전이가 종교적 경험과 유사한 측면이 있다는 것이다(Ameli, 2009: 209). 그렇기에 가상공간 역시 영적인 공간이라 주장한 워트하임(Margaret Wertheim)의 말은 음미해봄직하다. 그에 따르면 고대 세계가 하늘이나 형이상학적 공간을 통하여 초월적 경험을 한 것과 유사한 방식으로 가상공간이 황홀이라는 초월적 경험을 통하여 현대의 영적 갈망을 충족시킬 가능성을 제시한다(Wertheim, 2000: 7장). 이는 가상 시대의 종교적 환경은 이제 인간과 비인간 행위자에 의해 동시에 구성됨을 암시한다.

실재는 우리의 경험 너머에 존재하는 것일까? 아니면 순전히 우리의 감각의 산물일까? 행위자-실재론의 통찰을 수용한다면 실재란 물질과 담론이 내부-작용을 하며 현상해 낸 행위적 실재라 할 수 있다. 이는 우리가 다양한 담론을 가지고 테크놀로지를 응용함으로써 다양한 황홀을 경험할 수 있다는 것이기도 하다.

가상현실의 윤리적 함의

지금까지 논의된 가상 월튼-허구주의와 행위자-실재론의 입장에서 볼 때 가상현실은 물질적 요소와 담론적 요소가 내부적으로 함께 상호작용하여 몰입과 현존의 황홀을 공구성한 것으로 이해할 수 있다.

이는 두 요소 가운데 어느 하나도 특권화된 위치에 있지 않고 내부적으로 얽혀 실행되어 함께 세계를 구성함을 의미한다. 달리 말하면 우리가 대상에 접근하는 방법 즉, 지식 실천 방식에 따라 대상은 다르게 현상되고 세계는 다르게 구성됨을 의미한다. 이는 나아가 가상현실이 단지 현실을 재현하는 데 그치는 것이 아니라 새로운 현실을 만들어 낸다는 점에서 형성적이고, 새로운 규칙을 입안해야 한다는 점에서 실천적임을 의미한다. 결국 대상과 세계에 대한 지식조차 우리가 적용하는 방법에 영향을 받기 때문에 대상을 탐구하는 특권적 지위는 없으며, 따라서 현상에 대해 우리가 생산한 지식과 세계를 끊임없이 의문시할 수밖에 없음을 뜻한다. 또한 우리의 지식 생산이 세계 형성에 영향을 미치기 때문에 인간과 비인간 사이의 관계에는 책임성이 내재되어 있음을 함축한다. 이는 우리가 세상을 만드는 방식에 대해 끊임없는 비판적 질문과 응답을 할 것을 우리 스스로에게 요구해야 함을 의미한다. 이와 같이 행위자-실재론적 관점에서 볼 때 가상 세계의 물질적 측면과 정신적 측면은 서로가 서로를 배제하며 이분법적으로 존재하기보다 모든 영역에서 인식-존재론적으로 분리 불가하게 얽혀 있으며 심지어 윤리적 관계 또한 내재해 있음을 말하고 있다. 상호 배타적으로 이해되었던 가상현실과 현실, 물질과 정신, 자연과 문화는 우리가 생각하는 것 이상으로 긴밀하게 얽혀 내부적으로 상호작용하며 함께 실재를 만들어 간다. 모든 영역에서 우리는 더 이상 사물에 초연히 떨어져 있지 않고 사물의 실재에 참여하고 있다. 하임의 말대로 가상현실의 궁극적 약속은 "실재에 대한 우리의 자각을 변형시키고 일깨우는 일"(Heim, 1997: 201)이다. 그런 의미에서 가상 세계는 단지 허구의 세계에 불과한 것이 아니라 물질성과 정신성의 공작용에 의해 창출된 또 하나의 현실 세계라 할 수 있으며, 테크놀로지-인간으로 이루어진 가상현실로 충만한 우리 시대에 그 어느 때보다 윤리적 응답을 촉구한다.

무엇보다 이전의 담론 형성이 전문가에 국한된 양상을 보였다면 이제는 대중에 의해 "자발적으로 생성되고 실천"(박명진, 2012: 18)된다. 그만큼 가상현실은 다양하며 삶 속에 깊이 자리 잡고 있다. 테크놀로지의 완성도, 즉 "인간의 정신에 미치는 영향의 정도를 결정하는 것은 그 테크놀로지에 대한 수요 여하에 달렸다"(McLuhan, 1997, 79)는 매클루언의 통찰은 가상현실이 우리의 정신과 지대한 상호작용 아래 있음을 보여준다. 나아가 미디어는 인간의 지각이나 행동 혹은 사회적 상호작용을 향상시키거나 수정하며 "우리 자신의 확장"일 뿐 아니라 정보가 전달되는 형식이나 매체가 내용 자체보다 사회와 문화에 더 큰 영향을 미친다는 그의 통찰은 가상현실의 시대인 우리 시대에 더 없이 증명되고 있다.

결론적으로 가상현실에서 실재란 무엇일까? 행위자 실재론에 따른 이해에 의하면 디지털 테크놀로지와 우리의 담론에 의해 창발된 황홀을 실재라고 할 수 있다. 그리고 그 실재는 우리가 어떤 담론과 태도를 가지고 테크놀로지와 상호작용하느냐에 따라 상호 형성적으로 구성되기에 윤리적 함의를 지님을 보았다. 가상현실은 디지털 매체를 통해 실현된, 현실과 비슷한 현실이라기보다 또 하나의 현실이다. 디지털 기술들이 특정한 방식으로 세계와 주체 형성을 매개하는 것을 부인할 수 없기에 디지털 가상에 대한 거부, 스크린에 대한 두려움이 늘 도사리고 있지만, 다른 한편으로 역사, 문화, 전통, 과학적 상상력 등의 담론이 가상현실 형성에 근원적 역할을 하고 있음도 사실이다. 가상현실에서는 새로운 현실과 새로운 자아의 끊임없는 생성 변화가 목도되는 곳이다. 그러한 새로운 실재에 대해 더 생생하고 초월적인 경험을 할 수 있는 기회가 생겼다면 그만큼 더 우리는 가꾸어가야 할 또 하나의 세계를 우리가 창조해 낸 것이다. 과학기술의 기하급수적 발달로 인한 가상현실의 리얼리티를 목도하고 있는 지금 인간의 책임이 더 무거워졌음을 우리는 현실적으로 맞닥뜨리고 있다. 우리에게 책임의 영역이 하나 더 생겨난 것이다.

참고문헌

박명진(2012). 《두꺼운 언어와 얇은 언어: 디지털 시대의 문화변동과 담론연구》. 문학과지성사.

Ameli, S. R.(2009). Virtual Religion and Duality of Religious Spaces. *Asian Journal of Social Science, 37*(2), pp.208~231.

Banks, J.(2015). Object, Me, Symbiote, other: a social typology of player-avatar relationships. *First Monday, 20*(2). https://firstmonday.org/ojs/index.php/fm/article/view/5433/4208

Barad, K.(2003). Posthumanist Performativity: Toward an Understanding of How Matter Comes to Matter. *Signs, 28*(3), pp.801~831.

Barad, K.(2007). *Meeting the Universe Halfway: Quantum Physics and the Entanglement of Matter and Meaning*. Duke University Press.

Geraci, R. M.(2014). *Virtually Sacred*. Oxford University Press.

Heim, M.(1993). *The Metaphysics of Virtual Reality*. Oxford University Press. 여명숙 옮김(1997). 《가상현실의 철학적 의미》. 책세상.

McDonnell, N. & Wildman, N.(2019). Virtual Reality: Digital or Fictional?. *Disputatio, 11*(55), pp.371~397. https://doi.org/10.2478/disp-2019-000

McLuhan, M.(1964). *Understanding Media: The Extensions of Man*. McGraw-Hill. 박정규 옮김(1997). 《미디어의 이해》. 커뮤니케이션북스.

Slater, M.(2018). Immersion and the illusion of presence in virtual reality. *British Journal of Psychology, 109*(3), pp.431~433.

Wertheim, M.(2000). *The Pearly Gates of Cyberspace: A History of Space from Dante to the Internet*. W. W. Norton and Co.

05
가상의 어원과 뜻

고중세 가상의 어원을 살펴보고 사상사에서 사용되었던 용례를 통해 본래의 의미를 살펴본다. 그로 인해 알게 된 원초적인 가상의 의미가 현대 인공지능 시대에는 어떻게 사용되고 있는지를 기술적 환경인 가상현실에서 되짚어봄으로써 가상이란 말과 그 개념이 어떻게 변화되었는지를 사상사적 연속성과 단절의 관점에서 조망한다.

AI 콘텐츠 크리에이터?

가상의 의미

역사적으로 '가상(virtual)'의 뜻과 그 용례가 다양한 맥락에서 어떻게 발전해 왔는지를 살펴보자. 가상을 뜻하는 'virtual'이라는 단어는 중세 라틴어 'virtualis'에서 유래했으며, 'virtualis'는 힘, 탁월함, 덕성을 뜻하는 'virtus'에서 온 것이다(피에르 라비, 2002). 단어의 주요한 용례는 철학, 물리학과 자연과학 그리고 컴퓨터와 정보 기술에서 살펴보려고 한다.

먼저 철학적 용례를 보면, 고대 스콜라 철학에서는 잠재된 힘의 상태를 'virtuel'이라고 했으며, 아리스토텔레스와 중세 철학자들은 'virtual'이라는 용어를 '잠재적 존재'를 설명할 때 사용했다. 여기서 'virtual'은 어떤 것이 물리적으로 현존하지 않더라도 그것이 가지는 내재적 가능성 또는 잠재적인 능력을 뜻한다. 예를 들어, 중세 철학자이자 신학자인 토마스 아퀴나스는 물리적으로 존재하지 않지만 실제로 영향을 미칠 수 있는 'virtus'를 설명하며 이를 영적인 힘이나 능력으로 설명했다. 곧, 'virtual'은 물리적인 형태로 존재하지는 않지만 특정한 속성이나 효과를 가진 상태를 설명할 때 사용된 것이다. 두 번째 물리학과 자연과학의 용례다. 르네상스와 근대 과학에서 'virtual'은 점차 '가상의 힘'이나 '잠재적 상태'

를 설명하는 데 사용되었다. 이는 직접적으로 관찰되거나 경험되지 않지만, 계산이나 추론을 통해 존재를 가정할 수 있는 상태를 뜻한다. 예를 들어, 회전하는 물체가 바깥쪽으로 밀려나는 것처럼 느끼는 원심력은 실제로 존재하는 힘이 아니라 회전하는 좌표계에서 나타나는 가상의 힘이다. 곧 회전하는 물체의 물리적 힘은 물질을 중심으로 끌어당기는 구심력만 있다는 것이다. 따라서 가시적 물리적 힘인 구심력과 달리 원심력은 가상의 힘으로 볼 수 있다. 셋째, 컴퓨터와 정보 기술에서의 용례다. 현대에 들어서 'virtual'이라는 용어는 컴퓨터 과학과 정보 기술에서 큰 변화를 겪고 있다. 20세기 중반부터 'virtual'은 '가상현실(Virtual Reality)'이나 '가상 메모리(Virtual Memory)' 같은 맥락에서 사용되었으며, 물리적이지 않지만 실제와 비슷한 효과를 낼 수 있는 상태를 의미한다. 특히 가상현실(VR) 기술에서는 'virtual'이 가상 환경에서 현실과 유사한 경험을 창출하는 기술을 설명하는 데 널리 사용된다. 요약하자면 'virtual'이라는 용어는 철학적, 물리 과학적, 기술적 맥락에서 계속 진화해 왔으며, '현실화 이전의 가능적 존재'에서 '보이는 것의 근원적 힘으로서의 실재적 존재'로, 그리고 '디지털 공간에서 경험하는 기술적 언어'로 변화하며 사용되어 왔다.

철학과 자연과학, 컴퓨터 기술에서 사용된 가상 개념의 공통점은 보이는 것과 보이지 않는 것의 힘의 역학 관계다. 그 역학 관계에서의 힘은 보이지 않는 잠재태와 보이는 현실태로 구분할 수 있다. 철학과 근대 과학의 용례에서 볼 수 있는 가상의 의미가 잠재적인 가능태라면 기술 분야에서 가상의 의미는 디지털 세계에서 가시화되는 것으로 그 세상에서는 현실태에 가깝다. 현실태를 어떻게 정의하는 가에 대한 문제가 있겠지만 그것은 후에 다루기로 하고, 일단 앞의 두 경우 가상은 보이지 않거나 현실화 되지 않은 것의 힘을 말한다면, 과학 정보 기술의 경우는 자연 상태에서 존재하지 않지만 디지털 세계에서는 실제로 작동하는 체계를 말한다. 게다가 가상현실을 지원하는 보조 기기를 착용하면, 신체의 감각은 물리적 대상과의 관계에서 발생하는 것과 유사하게 반응하기 때문에 보다 현실적이다. 그러나 자발적으로 그 세계에 들어가지 않는 이상 그 세계는 나에게 존재하지 않는 무의 세계라는 것도 기술적 가상의 특징이다. 여하튼 이 셋 모두는 자연 상태의 현실에서는 볼 수 없다는 공통점을 가진다. 비가시적 상태로 존재한다는 점에서 이 세 용례는 모두 가상적이라고 말할 수 있다.

의미적으로는, 철학과 과학이 가상현실의 넓은 의미

를 대변해 준다면, 기술적 의미에서는 좁은 의미로 사용된다고 말할 수 있다. 넓은 의미에서 볼 때, 잠재적 상태인 가상은 아직 실현되지 않은 것들을 포괄하지만, 협의의 의미에서 가상현실은 신체가 좀 더 적극적으로 협업하는 단계가 필요하다. 그리고 신체가 협업하는 단계에서도 구분을 짓자면, 웨어러블 디바이스를 착용하여 직접적으로 접촉을 느끼는 경우가 있을 것이고, 몇 번의 클릭으로 들어가는 시각적이고 문자적인 가상의 세계가 있을 것이다. 이미 우리의 일상생활에 많이 침투해 있는, 우리가 굳이 VR 기기를 사용하지 않아도 되는, 웹 기반의 공간과 페이스북, 인스타그램 같은 SNS, 메타버스 등이 이에 해당된다. 이미 우리의 삶에 깊이 침투하고 있는 디지털 환경 속에서, 이미 내 손안에서 그 세계를 향유할 도구가 준비되어 있다면, 가상의 세계는 마땅히 알아야 할 실존적 주제일 것이다. 따라서 가상 개념과 가상현실을 이해하지 않고서는 현실을 이해하는 것이 더욱 어려운 시대다. 현실은 이미 가상현실과 중첩되어 있고, 가상은 자연의 빛 아래서 눈으로 확인할 수는 없으나 우리의 삶에 강력하게 영향을 미치고 있다.

가상 세계

이 글에서는 가상이라는 말의 세 번째 용례와 그 의미를 중심으로 이야기하려 한다. 그러나 잊지 말아야 할 것은 이 가상의 세 번째 의미 속에 첫째와 둘째의 의미가 내재되어 있다는 것이다.

마이론 크뤼거(Myron Krueger)는 "가상현실은 정보와 우리의 관계를 더 근본적으로 변화시킵니다. 가상현실은 지식을 탐구하는 과정에서 신체의 능동적인 사용을 가능하게 하는 첫 번째 지적 기술입니다"라고 가상의 의미를 종합한다(마이클 하임, 1993). 가상현실은 지식 추구의 탐구 활동에서 신체를 적극적으로 사용하는 최초의 지적 기술이다. 이와 같이 단순한 사색이 아닌 마음과 몸의 재결합은 새로운 유형의 지성인을 탄생시키는 것일지 모른다. 그는 가상의 의미를 실재의 확장 가능성과 잠재적 능력과의 연결로 이해함으로써 인간과 가상 기술의 관계를 상호적으로 기술하였다.

인간과 연결된 가상은 현실에서 배제될 수 없지만 그렇다고 현실이라고 말할 수는 없다. 현실에 없다고 해서 가상이 비존재라고 말할 수는 없다. 이에 피에르 라비(2002)는 가상이 현실(actuel)과 대립되는 개념이기는 하지만 실재(réel)와는 대립되지 않는다고 말한다. 즉 가상은 보이지는 않아도 '없음'이 아니고 '있음'이라는 것이다. 따라서 가상성과 현실성은 "존재의 두 가지 다른 방식"이다. 그런데 가능성과 가상성은 조금 다르다. 가능한 것은 본래의 것에서 변하지 않고 실현되지만, 가상은 상황이나 사건 등과 수반되는 현실화를 촉구하는 경향이나 힘이다. 가능과 달리 가상의 현실화는 미리 결정지어진 것 이외에 새로움과 변화, 생성을 일으키는 상호 작용을 포함한다는 데 차이가 있다(마이클 하임, 1993). 따라서 가상 세계는 잠재적인 것과 현실이 공존하는 공간이다.

참고문헌

Aristotle(1957). *Metaphysica*. In Jaeger, W.(ed.). Clarendon Press. 김진성 옮김(2022). 《아리스토텔레스의 형이상학》. 서광사.

Heim, M.(1993). *The Metaphysics of Virtual Reality*. Oxford University Press.

Lévy, P.(1995). *Qu'est-ce que le virtuel?*. La Découvert. 전재연 옮김(2002). 《디지털 시대의 가상현실》. 궁리.

06
가상 세계의 공간과 몸

가상 세계를 이해하기 위해서는 공간과 몸에 대한 깊이 있는 이해가 필요하다. 이를 위해 전통적인 공간과 몸의 개념을 살펴보고, 가상 환경에서는 이러한 개념이 어떻게 변화하고 드러나는지 그 특징을 탐구한다. 특히 디지털 기술과 다양한 매체 환경을 통해 이를 구체적으로 접근하고자 한다.

AI와 민주주의?

공간의 문제는 가상현실에서 가장 근본적인 개념이다. 공간은 물리적으로 '존재'가 있는 장소이고, 시간이 현상으로 나타나는 곳이다. 우리가 계절의 시간이 간다고 인지하는 것은 공간을 대표하는 땅의 변화, 곧 나뭇잎이 물들고 수확의 열매를 볼 때다. 그러므로 공간은 시간과도 관계한다. 이러한 공간은 존재 그 자체라고도 말할 수 있으며, 사람이 사물과 세상을 인식할 수 있는 직관의 기본 형식이다. 사실과 현상, 즉 상황을 파악하는 기본 전제가 되는 공간이 물리적 세계 너머 가상의 세계로 이전 된다는 것은 시간과 공간, 상황을 인식하고 이해하는 근본적 터전의 변화를 말하는 중요한 주제다.

두 번째 몸의 문제는 형태(form)와 질료에 관한 것이다. 세상의 모든 것들은 형태와 질료를 가지고 있다. 그리고 그것은 태양의 빛과 소통하며 우리에게 시각적 풍경을 제공한다. 이러한 몸체는 공간의 무한함을 깨고 들어가 자신만의 절대적 위치를 차지한다. 사물이 없다면 공간의 경계를 무엇으로 알 수 있을까? 사물이 없는 공간은 파악하기 어려운 무한과 같다. 따라서 몸은 유한성을 상징하는 또 다른 개념이다. 그리고 몸은 경계를 가지고 있다. 몸은 생물학적으로나 사회학적으로 자신이 속한 세계와 절연할 수 없기 때문에 그 경계가 모호할 지라도, 단독으로 보여지는 개체성을 대표하는 개념이다. 몸의 현상학자 메를로퐁티(Maurice Merleau-Poty)는 몸의 경계가 불투명하다고 말한다. 이처럼 불분명한 경계의 몸은 상호작용하는 몸이며, 상호작용은 가상현실이 현실화 되는 운동이다. 상호작용은 가상현실에서 아주 중요하다. 가상현실에서 중요한 개념 중에 하나가 몰입감인데, 사용자는 몰입을 통해서 가상의 세계에 집중하고 현실의 세계를 차단한다. 그런데 이러한 몰입감을 극대화시키는 것이 바로 상호작용이다. 가상공간에 출현하는 이미지들이 사용자와 얼마나 상호작용하느냐에 따라 가상 세계는 현실처럼 다가오기 때문이다. 그리고 이러한 상호작용이 현실로 이어진다면, 이때 몸체에 체현된 감각과 느낌은 현실로도 이어지며 가상 세계와 현실 세계의 호환이 일어난다. 주체인 나는 가상과 현실의 세계가 호환되는 장소가 되는 것이다.

공간성

가상현실(VR)과 가상공간(Cyber space)의 관계는 다음과 같이 정의할 수 있다. 가상공간은 광범위한 전자 네트워크로서, 가상현실은 그 전자 공간 속에 일어난 현상의 하나로 서로 연결된 가상현실에 의해 가상공간이 형성된다(마이클 하임, 1993). 이때, 가상공간은 오직 비트 기반의 컴퓨터 네트워크가 만들어 내는 정보 공간으로 현실감이 아주 높은 매체를 통해 상호작용하는 공간이다(김선희, 2004).

이러한 가상의 공간은 더 이상 물리적 '상황' 개념이 작동하지 않는 공간이라고 할 수 있다. 가상공간은 자연적인 물리적 시간과 공간의 제약을 받지 않기 때문이다. 따라서 가상공간에서는 전통적인 상황성이 위기에 처하게 된다(비탈리 로사티, 2009). 일상의 공간과 시간이 무의미하다. 가상공간에서 상황이 무의미하게 된다는 것이 왜 위기일까? 공간은 예로부터 현실을 직관하는 기본 형식으로 여겨졌다. 그런데 가상공간은 더 이상 안정적이고 객관적인 기준점을 제공하지 못한다. 현실의 공간처럼 고정된 장소가 있지 않고, 디지털 언어로 연결된 좌표 체계를 통해 매번 다른 방식으로 형성되기 때문이다. 예를 들어, 전통적으로 물리적 공간에서는 데카르트가 개발한 x, y좌표에 의해 위치를 알 수 있으며 그 위치는 변하지 않는다. 현재 우리 집의 위치가 대한민국에서 프랑스로 변할 수는 없는 노릇이다. 그런데 디지털 공간에서는 주소를 지정할 수 있으므로 위치는 변동적이다. 인터넷 주소의 경우 언제든지 바꿀 수 있으니 말이다. 이러한 불안정성은 오히려 가상공간의 유연성을 뜻할뿐더러 공간의 영역을 확장시킨다. 또한 네트워크의 확산은 단순히 장소에 도달하는 속도를 변화시킨 것이 아니라, 공간 자체의 가치와 의미를 변화시킨다. 예를 들어 원격 수술하는 의사의 현재 위치를 정의하는 좌표는 지금 다른 공간에서 무슨 일이 일어나고 있는지 설명하지 못한다. 환자의 신체와 그 상황을 연결하는 공간은 물리적 위치를 초월하는 가상공간이기 때문이다(비탈리 로사티, 2009: 153). 이처럼 실제 상황과는 무관하게 가상의 공간은 더 놀라운 수준으로 펼쳐진다.

이러한 가상공간의 활약에 대해 의견이 엇갈리기도 한다. 먼저, 가상공간에서의 체험을 '탈육화(disincarnation)의 체험'으로 규정하는 학자들의 관점이다. 이들에 따르면, 가상현실은 물질적 존재로서의 인간과는 다른 비물질적 데이터를 기반으로 하고 있으며, 이를 통해 '몸을 초월하고자 하는 욕망을 실현'시켜 준다. 가상현실은 현실 세계와 유사하지만 물리적 실재를 초월한, 곧 네트워크화 된 사이버 공간에 접근할 수 있게 해 주는 기술적 수단으로 정의된다. 가상현실에서는 시뮬레이션을 통해 생성된 가상의 표상이 나타나며, 이는 사용자가 실제로 물리적으로 떨어져 있어도 그 공간에 있는 듯한 현전감을 느낄 수 있게 만든다. 이러한 상태를 원격현전이라고 하며, 이는 사용자가 현재 있는 위치에서 벗어나 다른 곳에 존재할 수 있는 상황을 가정한다. 앞서 언급한 원격시술의 상황을 말하는 것이다. 이때, '저기'의 공간에 존재하는 것은 '여기'에 있는 물리적인 나의 몸이 아니다. 자연 환경에 대한 직접적인 지각이 아니라 '매개된 지각'을 통해 이루어진다. 탈육화 이론에 따르면, 사용자가 매개된 지각을 통해 매개된 환경에 접근하는 동안, 신체라는 인터페이스는 무시되며 매체를 통해 확장된 지각은 이루어지지만 그 과정에서 '여기'에 있는 나의 몸은 소멸된다(줄리아노 M. 줄리아 외, 2020).

이와 다르게 가상의 공간을 지각의 확장으로 보는 학자들은 나의 몸이 소멸되는 것이 아니라 오히려 매체를 통해 확장되는 것이라고 말한다. 나의 몸이 디지털 인터페이스라는 매체를 감지함으로써 거리와 공간에 상관없이 다양하게 접근할 수 있다는 점을 높이 사는 것이다. 그래서 이들에게 가상공간은 탈육화가 아닌 육화(incarnation)의 현상이다. 본 저자는 후자의 입장을 지지한다. 이 글을 읽는 독자도 이 책을 읽은 후에는 어떤 의견이 생길 것이라 기대한다. 이처럼 신체가 확장되는 디지털 기술은 다양하다. 특히 다양한 증강 기술(HCI,

BCI/ XR)은 공간 컴퓨팅이라고 하며 현실의 공간에서 디지털 공간과 만나는 기술을 말한다. 이러한 기술로 인해 나의 신체가 현실과 디지털 공간을 연결하여 확장되는 것이다.

이와 같이 현실 세계와 디지털 세계가 공유되고 합쳐지는 것이 바로 디지털 디바이스의 미래다(SOD, 카이스트 Ep 4, 2024). 가상현실과 현실 세계의 병합, 그것은 보이는 것과 보이지 않는 세계의 병합이며 감각 세계와 초월 세계의 병합이다. 이러한 가상의 공간은 앞서 언급했듯이 절대적이지 않다. 양자의 움직임이 말해 주는 관찰자에 의한 상대성을 증명하듯 가상 세계의 공간은 사용자에 맞춰 펼쳐지는 독특성이 있다. 여기서 이 모든 것을 체험하는 능동적이고도 수동적인 존재가 바로 몸이다.

몸

가상현실에서 몸은 어떤 의미인가. 몸은 형태와 질료이며 공간을 드러내는 유한성을 의미한다. 이러한 몸은 지구라는 공간을 생각할 때, 세계를 호흡하고 피부로 교감하며 몸만을 따로 떼어낼 수 없는 특징을 지닌다. 분명하든 불분명하든 몸은 경계를 가지고 있으며 사물 간의 구별을 가능하게 한다. 그 경계가 불투명하고 모호할 수도 있지만, 몸과 환경 간에 상호작용하는 유기적인 공간을 허락한다. 그 유기적인 공간은 실제적인 공간이라기보다는 가상의 형태로 내재한다. 몸이 수용하고 반응하거나, 적극적으로 행동하는 바탕이자 신체적, 정신적 작용이 일어나는 계기로서의 잠재적 상태인 가상 개념이다. 이러한 몸체는 가상현실에서도 마찬가지다. 어떤 가상화하는 구조가 있어서 이러저러한 방식으로 몸의 현실성 안에서, 체화로 구체화되기 때문이다.

이러한 몸의 구체화는 신체를 연구의 주제로 삼았던 메를로퐁티의 이론을 통해 설명할 수 있다. 메를로퐁티는 몸은 하나의 개체이자 세계와 지속적으로 상호작용함으로써 몸과 세계가 복잡한 “chiasme(교차)”의 구조를 가진다고 설명한다(메를로퐁티, 2012). 몸의 인지 작용은 세계에 체적되어 있는 다양한 사물, 움직임과 상호 반응하며 생성되는 데, 그것을 쌍방향이라고 말하기에는 보다 많은 선재적인 요소들이 무수히 교차되어 있다. 이 요소들의 교차에 의해 가상이 결정화된다. 결정화된다는 것은 가시화, 현실화된다는 말로 이해할 수 있다. 가상현실에서 보이는 것과 보이지 않는 것의 교차는 실체적이고 안정적인 단일체로 간주될 수 없다. 몸체의 움직임에 따라 분화된 운동들이 가상적인 얽힘이기 때문에 오직 교차의 가상성으로 생각될 수 있을 뿐이다. 따라서 키아즘은 보이는 것과 보이지 않는 것이 얽히는 어떤 가상이라고 말할 수 있다(비탈리 로사티, 2009, 155). 보이지 않는 것은 몸의 가시성, 육화에 작용하는 가상일 것이다.

그러므로 가상은 현실화 이전에 이미 존재하고, 행위로 이행하는 동안 다양한 층위로 나타나는 개념이다. 특히 보이는 것은 그것을 구성하는 보이지 않는 것과의 관계에서만 볼 수 있다. 이러한 교차의 가상성은 보이는 것을 파악하고 그 의미를 가상화시킨다. 현실화에서 하나의 기능과 단일한 의미만 지니는 것이 가상과의 접촉에서 증대되는 것이다. 따라서 보이는 것은 가상적으로 보이지 않는 것의 다중성을 내포하고 있다(비탈리 로사티, 2009, 157). 앞에서 라비가 가상은 "정태적이고 이미 형성된 것으로서의 가능(possible)과는 반대로 가상은 문제의 복합체이며 현실화를 촉구하는 경향성이나 힘"이라고 했던 말이 바로 그것이다.

이것은 가상현실에 대한 매클루언의 글에서도 유사한 내용을 볼 수 있다. 그는 서구인들이 기계 시대를 통해서 인간의 신체를 공간적으로 확장해 왔다는 것을, 중추 신경 조직이 몸에 퍼져있는 것과 같다고 말하며, 특히 전자 기술로 공간과 시간의 영역이 사라짐에 따라 인간의 몸도 확장되는 것이라고 말했다. 그리고 이러한 현상은 인간 사회 전반에 영향을 미친다(마셜 매클루언, 2011).

이처럼 신체의 가상성은 기계와 접촉함으로써 그 물리적 공간과 활동이 확장된다. 이제는 그 공간과 시간을 넘어 전 지구적으로 영역이 확대되고, 그 영향은 문화 전반에 미친다. 마찬가지로 신체의 교차 구조는 더욱 복잡해진다. 그럼에도 불구하고 그 복잡함은 어떤 식으로든 몸을 통해 해석되고 나타나게 될 것이다. 어쩌면 더 풍부해진다고 말할 수 있다. 앞서 언급했던 BCI(Brain-Computer Interface)를 활용한 다양한 보조 기구를 통해 실재 감각으로 통제하는 가상현실의 세계는 실재처럼 인지하는 시스템과 정보를 갖는다. 따라서 가상현실 속에서 감각하는 나의 몸과 그 감각을 단순한 환영이라고 말하기는 어렵다. 감각하는 한 그것은 실재이기 때문이다. 메를로퐁티는 정신 착란이 일어나는 환자의 경우에 그 환자의 시선에서 보이는 사물이 비록 일반인에게는 안 보일지라도 환자 자신에게는 실재라고 말한다. 이와 마찬가지로 가상현실에서의 몸은 디지털 기술이 만들어 낸 인공 환경과 보조 기구로 실재처럼 인지하게 되며, 현실의 행위가 가상의 공간에 시뮬레이션 됨으로써 실재와 같이 반응하게 된다(서기만 외, 2016, 232). 우리의 신체가 지금 이 공간을 넘어 디지털 세상으로 확장되는 것이다.

디지털화에 따라 고전적 의미에서의 실재는 더 이상 고정되고 객관적인 관점으로 이해될 수 없다. 그것은 이제 유연한 주소 지정 가능성(addressibility)과 그 숫자적 기초와 구성적인 '가상성'을 통해 정의되기 때문이다. 디지털화는 좀 더 심오한 방법으로 사용자의 몸과 이미지 간의 상호관계를 재구성할 것을 요구하며(최소영, 2020) 그에 따라 우리가 진짜로 인식하는 실재의 의미도 달라진다. 이처럼 가상현실에서 몸의 현실성이 가상의 세계로 확장되는 것을 육화라고 하며, 가상성은 육화의 구조를 갖는다.

참고문헌

김선희(2004). 《사이버 시대의 인격과 몸》. 아카넷.
서기만 외(2016). 《가상현실 세상이 온다》. 한스미디어.
에스오디(2024). "카이스트 Ep 4".
https://www.youtube.com/watch?v=NpwLo7qbGbE
Heim, M.(1993). *The Metaphysics of Virtual Reality*. Oxford University Press.

Juliano, J. M. et al.(2020). Embodiment Is Related to Better Performance on a Brain–Computer Interface in Immersive Virtual Reality: A Pilot Study. *Sensors, 20*(4).

McLuhan, M.(1964). *Understanding Media: The Extensions of Man*. McGraw–Hill. 김상호 옮김(2011). 《미디어의 이해》. 커뮤니케이션북스.

Merleau–Ponty, M.(2012). *Phenomenology of perception*. In Landes, D. A.(trans.). Routledge.

Vitali Rosati, M.(2009). *Corps et virtuel: Itinéraires à partir de Merleau–Ponty*. L'Harmattan.

07
상호 육화와 가상의 몸

디지털 환경에서 몸은 가상을 현실 속에 드러나게 하는 통로이자, 현실과 가상 사이에 '틈'을 만들어 내는 장이다. 따라서 '가상의 몸'이란, 가상이 몸을 통해 실현되고 매개된다는 것을 뜻한다. 나아가 더 근원적으로는, 몸과 주체는 결정되지 않은 가상성의 삶에 항상 개방되어 있는 존재라는 것을 주지함으로써, 가상의 실재성을 성찰할 수 있다.

AI와 애니메이션?

가상의 실재, 상호작용과 육화

가상 이론가들이 말하는 가상현실의 가장 큰 특징 중 하나는 몰입감이다. 몰입감은 가상 세계 안에서의 체험에 집중하는 상태를 말하며, 이를 위해서는 BCI와 같은 기술적인 여러 장치들이 필요하다. 그 기술들이 집중하는 것이 바로 상호작용이며, 상호작용은 가상 세계의 이미지들과 참여자와의 실시간 관계를 보다 현실적으로 체감할 수 있게 도움으로써 참여자가 가상 세계에 몰입할 수 있는 환경을 만들어 준다. 이러한 실시간 상호작용으로 사용자는 콘텐츠의 주체가 되며, 이는 마치 가상 세계에서 펼쳐진 이미지들이 실제로 나와 함께 있는 것처럼 느끼게 되는 것이다.

사실, 상호작용은 단순히 기술적 과정이 아니라, 살아 있는 개체의 본질적 특징이기도 하다. 메를로퐁티는 상호작용은 몸과 세계 간의 기본 원리라고 했으며, 가상현실에서의 체감도 이러한 상호작용에 의해서 일어난다. 메를로퐁티는 거울에 비친 몸을 예로 들며 '가상의 몸(virtual body)'을 설명한다. 그가 말한 베르트하이머(Wertheimer)의 거울 실험은 가상성을 잘 보여주고 있다. 이 실험은 개인이 고립된 공간에서 45도 경사의 거울에 비친 자신의 모습을 보고 그에 대응하는 것을 관찰

하는 것이다. 만약 당신이 이처럼 거울에 비친 낯선 기울기의 몸을 본다면, 곧 거울 밖의 몸이 거울 속에 비친 가상의 몸을 자신의 몸으로 통합한다는 사실을 깨닫게 될 것이다. 그러면 고유한 신체는 가상의 신체로 배가되고, 거울에서의 가상은 현실의 투사이지만 몸은 가상의 몸을 현실처럼 감각 및 인지하게 된다(메를로퐁티, 2012, 261). 이 통합된 몸은 다시 거울에 비춰진 몸이 되는 상호 반복적 경험을 하게 한다. 이것은 디지털 환경의 가상세계를 기반으로 한 실험은 아니지만, 거울에 비춰진 모방 이미지를 통해 가상의 신체를 경험하는 현상학적 관찰이다. 이와 같이 몸이 외부 세계와 상호 통합하는 현상을 육화라고 할 수 있다.

육화는 체화라는 말과 함께 종종 사용되는데, 몸의 체험을 강조하기 위해서 필자는 육화라는 말을 선택하였다. 육화는 일방적이거나 수동적인 경험만이 아니라 능동성을 내포한다. 그리고 육화의 특징은 상호 영향을 주고받는 상호 육화(inter-carnation)(신인섭, 2000)의 구조라고 말할 수 있다. 이 글이 주지하는 가상현실에서의 육화는 내가 그 세계로 육화하고 그 세계는 나의 세계로 육화하여 각각 세계의 일부로서 잠재되어 있는 것이다. 유한한 신체가 가상의 공간으로 역 육화함으로써 몸은 가상 활동 공간에 있는 가상의 신체로 배가된다. 이때 심지어 가상의 신체는 원격 수술하는 의사의 몸을 대체하듯이 실제 몸을 대체하기도 한다. 개인은 가상의 몸이 있는 곳에도 있다. 가상은 현재 상태를 투영하고, 현재 상태도 가상을 투영하는 가상공간은 '원심 또는 문화의 공간'이 된다.

가상의 세계로 육화한다는 것은 두 가지 의미가 있다. 하나는 디지털 상에 나의 경험들이 코드화되어 정보로 존재한다는 것이고 다른 하나는 가상 세계에서의 감각적 체현들이 일상에서도 여전히 나의 감각으로 남는다는 것이다. 후자의 가상 세계에서의 경험은 단순히 그곳에 머물지 않고 사용자의 감각과 기억에 영향을 미치며, 현실 세계에서도 사물과 타자와 관계하는 감각으로 남아있게 된다. 가상현실 속에서 느낀 감각은 현실의 경험으로 이어진다. 따라서 가상 세계는 이미 가능의 세계로서 우리 삶의 가장자리에 들어와 재구성되는 '공동의 장'으로 이해될 수 있다.

앞서 가상현실의 몰입감, 즉 가상공간에서의 체험을 극대화시키는 방식으로 상호작용을 말했다. 인간의 몸은 여러 경험들이 상호작용하며 숨어있는 가상의 공간이다. 그래서 우리의 몸은 잠재된 것들과 나타나는 것들의 복합체다. 비탈리 로사티에 따르면 가상성은 현실화에서 피어나도록 되어 있는 여정의 시작일뿐만 아니라, 현실화는 가상과 분리하여 생각할 수 없다. "가상은 존재론적으로 앞서며, 사유 가능성의 조건"이기 때문이다(비탈리 로사티, 2009: 217). 우리가 존재하거나 사유하는 근본은 가상의 상태로 잠재되어 있다. 이러한 가상의 현실화, 곧 현실의 인식은 바로 감각으로 가능하다.

옛적부터 감각은 가상, 거짓으로 생각해 왔으나, 이에 반기를 든 사람이 있었는데 바로 고대 철학자 에피쿠로스(Epicurus)다. 에피쿠로스는 모든 감각과 상상을 참된 것으로 간주했다. 그의 사상을 기록한 라에르티우스(Diogenes Laertius)는 "감각들을 부정하거나 틀렸다고 입증할 수 있는 것은 아무것도 없기 때문에, 동일한 감각적 지각은 그 동일한 가치 때문에 부정하지 못합니다. 그리고 우리가 의미나 개념을 생각할 때에 이것들은 감각적 지각에 의존하므로 더더욱 감각들을 부정할 수 없습니다(카를 마르크스, 2001: 38)"라고 전한다.

이는 우리가 가상현실을 단순히 거짓으로만 볼 수 없음을 시사한다. 가상현실 속에서 감각된 모든 경험은 사용자의 몸과 뇌에 실제적으로 작용하며, 이는 우리의 신체가 가상의 세계에서 새로운 실재를 창출하는 과정과도 연결된다. 감각을 부정할 수는 없다. 느낀 것을 느끼지 않았다고 말할 방도가 없으니까. 가상현실을 단지 거짓과 모방의 현상으로만 볼 수 없는 현실적인 이유가 바로 거기에 있다. 우리는 가상현실을 감각하고 느끼는 신체를 가지고 있으므로, 가상은 거짓이 아니고 감각에서는 구체적이고 생각에서는 상상적일 뿐이다(비탈리 로사티, 2009: 207).

시뮬라크르와 시뮬라시옹

장 보드리야르는 현대 사회의 가상성과 이미지를 설명하기 위해 시뮬라크르(simulacre) 개념을 제시한 철학자다. 시뮬라크르는 가상, 거짓 등을 일컫는 라틴어로, "실제로는 존재하지 않는 대상을 존재하는 것처럼 만들어 놓은 인공물"(장 보드리야르, 2001: 9)을 일컫는 말이다. 그는 현실의 모방물이나 복제물이 이제는 원본 자체와 구분될 수 없는 새로운 단계에 이르렀다고 주장한다. 그 결과, 복제물인 시뮬라크르가 원본을 대체하며, 심지어는 원본보다 더 강력한 영향력을 발휘하게 된다. 그 진행 과정을 현실의 복제에 머물지 않고 이미지가 자기 자신을 재현하는 과정, 곧 자기복제적인 순환인 시뮬라시옹(simulation)이라 말하며, 이를 이미지의 네 가지 단계로 다음과 같이 구분한다.

> 이미지는 깊은 사실성의 반영이다.
> 이미지는 깊은 사실성을 감추고 변질시킨다.
> 이미지는 깊은 사실성의 부재를 감춘다.
> 이미지는 그것이 무엇이건 간에 어떠한 사실성과도 무관하다: 이미지는 자기 자신의
> 순수한 시뮬라크르이다(장 보드리야르, 2001: 27).

마지막 단계에서는 시뮬라크르가 원본의 유무를 불문하고 그 자체로 현실이 되는 '초현실(hyperréel)'의 상태가 된다고 말한다. 이 초현실은 가상현실의 개념과 일맥상통하는 부분이 있다. 가상현실이 물리적 세계의 재현이 아니라 그 자체로 하나의 세계를 구성하며, 거기서 사람들의 경험이 현실과 구분되지 않을 정도로 생생해질 때, 또는 깊은 경험으로 남을 때, 이는 보드리야르가 말한 '초현실'의 한 예가 될 수 있기 때문이다. 이제 이미지는 더 이상 허구가 아닌 실재적인 것으로 작용한다. 시뮬라크르는 "더 이상 실재와 교환되지 않으며 어느 곳에 지시도 테두리도 없는 끝없는 순환 속에서 그 자체"(장 보드리야르, 2001: 25)가 되는 것이다. 따라서 "시뮬라크르

는 스스로 명백한 창조물로서의 의미를 만든다. 그러므로 가상현실은 가상 환경을 정확하게 시뮬레이션하는 것보다 세상이 지각되는 인지 역학을 시뮬레이션하는 것을 우선시하는 매체 기술일 것이다(오태원, 2021: 193)."

가상현실에서 신체의 지각은 현실을 지각하는 것과 동일한 방식이다. 따라서 가상현실에서의 이미지는 복제물이 아닌 그 자체로 창조적인 의미를 가진다. 가상현실은 따라가야 할 실재가 없는 세상이며, 오히려 감각적 실재를 만들어 간다. 다시 말해, 고정된 세계가 아니라 그 세계와 참여자인 주체의 상호작용에 의해서 만들어 감으로써 일종의 실재의 기능을 한다는 것이다. 때로는 현실이 오히려 그 가상 이미지와 가상 세계의 지배를 받으므로, 가상 세계는 현실보다 더 현실적인 것이 된다(오태원, 2021: 194).

우리네 풍습에서 엄마를 먼저 보낸 아이에게 어른들은 그 아이가 자라기까지 어떤 가상의 현실을 만들어 엄마가 멀리 갔다거나, 먼저 가 있다는 식으로 아이를 달래곤 한다. 비록 실제는 아니지만, 이러한 만들어진 이야기는 아이가 어느 정도 자랄 때까지 긍정적인 역할을 하는 것이 사실이다.

영화 〈원더풀 데이〉에서는 자신의 죽음을 알게 된 한 아이의 엄마가 자신의 기억을 디지털화하여 가상현실 속에서 살아가게 하는 프로그램(일명 원더풀 데이)을 선택하고, 아이에게는 자신의 죽음을 숨긴다. 물론 이 영화에서 주인공은 기가 막힐 정도로 생존의 모습과 닮아 있고, 사유 체계도 경험을 학습하며 확장된다. 그래서인지 아이는 한동안 엄마가 해외에서 일하는 것에 대해 일말의 의심도 갖지 않다가, 어느 날 핸드폰 화면에 보이는 엄마가 진짜가 아닌 줄 알게 된다. 여기서 반전이 있다. 아이는 그 상황을 부정하지 않고, 가상의 엄마에게 책을 읽어줄 수 있냐고 물으며, 가상 엄마와의 일상을 받아들이는 화목한 장면으로 영화는 마무리된다. 가상의 엄마는 적어도 그 아이가 좀 더 자라 안정감을 찾고 엄마를 떠나보내기까지 가상 부모로서의 역할을 담당할 것으로 보인다.

이 영화에는 엄마와 딸 이야기 외에 다른 에피소드가 있는데, 식물인간이 된 남자 친구를 둔 한 여인이 나온다. 여자는 남자 친구를 우주 정거장에서 일하는 사람으로 설정해 놓고 매일 그와 대화를 나눈다. 그런데 어느 날 식물인간이었던 남자 친구가 깨어났다. 너무 기뻤던 것도 잠시, 남자 친구는 병의 후유증으로 사회 생활은 물론이고 이전의 모습으로 되돌아오지 못한다. 주인공은 다시 가상의 남자 친구를 찾아 휴대폰으로 대화를 시작하고, 결국에 깨어난 연인과는 이별한다.

이 영화는 가상현실이 우리에게 가져다 줄 수 있는 삶의 풍경을 보여준다. 앞의 두 모녀 이야기가 가상현실이 현실의 대안으로 사용된 사례라면, 두 연인의 이야기는 현실의 대안으로 선택한 가상 세계가 오히려 현실을 부정하게 만드는 슬픈 이야기다. 현실을 직면하지 못한 채 맞이하는 가상 세계는 현실의 보완이 될 수 없다. 이처럼 가상 세계가 인간의 삶에 미치는 영향은 긍정과 부정의 양날의 칼이 있다. 하지만 세상은 늘 그래 왔다. 가장 좋을 것 같았던 민주주의도 소외 계층을 낳았고, 마찬가지로 모두를 행복하게 해 줄 것 같았던 공리주의는 다수의 이익에 천착했으니 말이다. 기술로 확장된 가상 세계는 우리에게 또 다른 현실로 주어져 있다. 더 넓어진 세상이 살 만한 세상이 되기 위해서는 나와 주변의 현실을 직시할 정도의 이해력을 갖추어야 하고, 그 점에서 이 글이 작은 보탬이 되길 바란다.

우리는 "영원한 현재의 황홀경 속에 살고 있는 그래픽적 인간"(마셜 매클루언, 1996)으로 살 수도, 아닐 수도 있다. 어느덧 지구를 너머 확장되는 가상 세계를 환상이나 그래픽적 인간의 영토라고 한정 지을 수만은 없다. 가상현실은 새로운 지각 경험을 가능하게 하여 새로운 영토만큼이나 인간의 지각 영역을 확장시키고 있다(최소영, 2020: 249). 시뮬라크르의 세계, 실재의 상실인가, 실재의 창조인가? 분명한 건, 우리는 이미 가상의 이미지가 실재가 되는 세상에 살고 있다는 사실이다.

참고문헌

김선희(2004). 《사이버 시대의 인격과 몸》. 아카넷.

신인섭(2000). "메를로-퐁티와 공동 신체성". 《철학연구》, 76, 183~205쪽.

오태원(2021). "VR의 특징으로 본 R. 에스테스의 하이퍼리얼리즘 연구". 《조형미디어학》, 24(1), 191~201쪽.

최소영(2020). "매개된 지각 체험을 통한 포스트휴머니즘적 신체 이해: 키틀러의 기술매체론에 대한 M. 핸슨의 해석을 중심으로". 《미학예술학연구》, 61, 225~258쪽.

Baudrillard, J.(1981). *Simulacres et simulation*. Éditions Galilée. 하태환 옮김(2001). 《시뮬라시옹》. 민음사.

Lévy, P.(1995). *Qu'est-ce que le virtuel?*. La Découvert. 전재연 옮김(2002). 《디지털 시대의 가상현실》. 궁리.

Marx, K.(1841). *The Difference Between the Democritean and Epicurean Philosophy of Nature*. Progress Publisher. 고병권 옮김(2001). 《데모크리토스와 에피쿠로스 자연철학의 차이》. 그린비.

McLuhan, M.(1964). *Understanding Media: The Extensions of Man*. McGraw-Hill. 김성기 & 이한우 옮김(1996).

《미디어의 이해》. 민음사.
Merleau-Ponty, M.(2012). *Phenomenology of perception.* In Landes, D. A.(trans.). Routledge.
Vitali Rosati, M.(2009). *Corps et virtuel: Itinéraires à partir de Merleau-Ponty.* L'Harmattan.

08
〈얼터드 카본〉과 가상 미래

인간의 상상력을 바탕으로 만들어진 SF 영화 속 이야기를 더 이상 허구로만 치부하기는 어려운 세상이 되었다. 마치 클라우드 저장 장치처럼 인간의 정신을 영구히 저장소에 보관하여 필요할 때마다 건강한 육체 속에 삽입할 수 있는 기술이 가능한 가상의 세상을 그려낸 영화가 있다. 불로장생을 꿈꾸는 인간의 소망이 어디까지 가능할 것인지 〈얼터드 카본〉을 통해 가늠해 보자.

AI와 인재 채용?

SF 영화와 가상 미래

2018년부터 넷플릭스(Netflix)에서 방영된 시리즈 〈얼터드 카본(Altered Carbon)〉은 과학기술이 고도로 발전된 미래 사회를 배경으로 한다. 이 미래의 세계에서는 늙고 병들거나 손상된 육체를 얼마든지 건강하고 새로운 육체로 대체할 수 있다. 이 시리즈의 주인공인 동양인 타케시 코박스(Takeshi Kovacs)는 불의의 사고로 동결 상태에 있다가 250년 만에 깨어난다. 그가 깨어난 세상은 자신이 살던 250년 전 세상에서는 상상할 수 없을 정도로 과학기술이 발전해 있었다. 무사(武士)였던 주인공은 건강한 서양 남성의 몸에 자신의 영혼이 이전되었다는 사실을 깨닫는다. 코박스의 모든 정신적 정보가 저장 장치에 담겨 새로운 육체에 삽입된 것이다. 정신을 새로운 육체에 이전하는 기술로 인해 주인공은 필요에 따라 성별과 인종을 초월하여 새로운 육체로 옮겨가며 자신이 하고자 하는 임무를 수행해 간다는 줄거리다.

이 드라마 속에서 미래의 인간은 자신의 정보가 담긴 저장소가 영구히 파괴되지 않는 한 자신의 낡은 육체를 복제하거나 일부분의 장기를 새로운 것으로 바꿔가면서 얼마든지 영생의 삶을 살아갈 수 있다. 이러한 일도 어려워지면 타인의 육체에 자신의 데이터를 옮겨 가며 삶을 영구히 이어갈 수 있다. 그렇지만 이 미래의 세계에서도 한 인간의 정체성이 고스란히 담긴 저장소가 파괴된다면 그 사람은 영원히 죽을 수밖에 없다고 설정되어 있다. 하지만, 이 첨단의 세상에서도 영생은 오직 권력과 돈을 가진 소수에게만 허용된다는 씁쓸한 뒷맛을 남기는 드라마였다.

인류와 수명

비약적으로 발전하는 기술의 시대를 살고 있는 현대인은 과거에는 상상하지도 못했던 첨단 문명의 혜택을 누리고 있다. 사람이 하기 힘든 일을 로봇이 대신 해 주는 것을 보면서 노동의 종말을 예견하기도 하고, 인터넷을 통해 전 세계 구석구석의 소식을 실시간 접하면서 거대하게만 느껴졌던 지구가 이제는 마치 공중에 떠 있는 작은 공처럼 느껴질 때도 있다. 또한 얼마 전까지 불치병으로 낙담했던 암과 같은 질병들도 하나둘씩 정복해 나가는 것을 보면 새삼 인간의 상상을 초월하는 능력에 탄복하게 된다.

근대 이후 급속한 과학기술의 발전은 인간의 수명을 획기적으로 연장하였다. 전 세계적 평균으로 보자면, 1900년에 태어난 아이의 평균 기대 수명은 32세였지만

2021년 태어난 아이의 기대 수명은 71세다. 한국인의 평균 기대 수명은 1970년 62.3세에서 2022년 82.7세로 22년 동안 거의 20년 이상 늘어났다. 간단히 어림잡아도 30세가 평균 수명이었던 인류가 100여 년 사이에 생명을 40년이나 연장한 셈이다. 이러한 비약적인 수명 연장은 무엇보다도 의학의 발전으로 인한 유아 사망률의 현저한 감소가 가장 주효했다. 이제는 모든 연령층에서 사망률은 감소하고 있다고 한다. 아마도 현시대의 꽤 많은 사람이 100세 가까이 살게 될 것이다.

최근에는 과거 의학의 발전으로 인한 수명 연장과는 차원이 다른 영생 프로젝트가 진행되고 있다. 현실보다 훨씬 발 빠르게 영화계는 반응했다. 이미 몸과 기계를 결합한 인간의 이야기를 다룬 〈공각기동대〉, 그리고 자신의 AI(Artificial Intelligence)와 사랑에 빠진 남자 이야기를 다룬 〈허(Her)〉와 같이 미래의 인간을 다룬 영화가 꽤 많이 만들어졌다. 이제 AI와 같은 초지능 기술의 출현으로 인해 과거 공상으로만 느껴졌던 영화 속 이야기들이 어느 정도는 현실이 될지도 모른다는 생각마저 든다. 몇 년 전까지만 해도 많은 사람들이 생소하게 느꼈던 인공지능 기술이 이제 다양한 플랫폼으로 상용화되었다. ChatGPT와 같은 기술은 이미 여러 명의 비서 역할을 톡

톡히 해내고 있다. 이제 많은 영역에서 인공지능 기술 없이 일을 처리하던 과거로 돌아가는 것은 불가능해졌다. 첨단 기술에 종사하는 일부 전문가들은 기술 발전이 초고도로 발전되는 미래의 어느 시점을 특이점(singularity)이라고 부르고 이 시점에 도달하면 영생이 더 이상 허황한 이야기가 아닐 수도 있다고 예측한다.

영생을 향한 도전

영생을 위한 인간의 도전은 그 역사가 오래되었다. 고대 문명의 중심지였던 이집트의 피라미드는 그 규모가 사람의 노동력으로 만들어졌다고 생각하기 어려울 정도로 거대하다. 비록 그 용도에 관해서는 논란이 있기는 하지만, 이집트 왕들의 무덤으로 알려진 피라미드의 크기를 보면 언뜻 한 개인이나 왕족들의 무덤이라고 이해하기 힘들 정도로 압도적이다. 하지만 피라미드 내 벽화들은 피라미드가 권력을 가진 자들이 죽음 이후에도 영원한 삶을 위해 기울인 노력의 결과물임을 짐작하게 한다. 피라미드가 왕족의 무덤이라면 그 거대한 규모는 영생에 대한 인간의 무한한 염원과 욕망을 투사하고 있다고 해석해야 할 것이다. 피라미드들이 주로 건립된 시기가 이집트 고왕국 시대인 기원전 2500년경임을 고려한다면 영생은 변하지 않는 인간의 원초적인 오래된 욕망이라는 것을 알 수 있다.

이집트의 피라미드보다는 한참 늦은 시기이기는 하나 중국을 최초로 통일한 기원전 3세기 인물인 진시황제(BC 259~BC 210)는, 사실을 확인하기는 어려우나 영생을 위해 불로초를 구하고자 현재의 한국에까지 사람들을 파견했다고 전해진다. 이러한 진시황의 간절한 염원에도 불구하고 그는 기원전 210년 49세의 나이로 죽었다. 그의 불로불사를 향한 열망에 비하자면 그의 삶은 그저 찰나에 불과했다고 할 수 있다. 진시황은 그 당시 누구도 넘볼 수 없는 막강한 권력과 부를 소유하였던 인물이었다. 그의 막대한 권력과 부를 뺏을 자는 아무도 없었다. 그는 오직 죽음만이 자신의 권력과 부를 영원히 소유할 수 없도록 하는 장벽이라고 여겼을 것이다. 비록 진시황이 영생의 불로초를 구하지는 못했지만 1974년 발굴된 진시황의 무덤인 병마용(兵馬俑) 안에 부장된 병사와 말 조형물, 그리고 부장품들의 상상을 초월한 규모를 보자면 죽음 이후에도 생전의 권력과 부를 누리고자 했던 욕망의 크기를 가늠할 수 있다.

이러한 노력은 과거의 이야기만은 아니다. 시대가 변

함에 따라 그 사회적 위치가 다르기는 하지만, 과거 진시황이나 파라오처럼 사회적 영향력과 부를 거머쥔 21세기 인물인 일론 머스크(Elon Musk)가 자신의 막대한 재산을 투자해서 영생 프로젝트를 추진하고 있다고 한다. 이집트 파라오들의 영생을 향한 노력 이후 4000년을 훌쩍 지난 지금도 부와 권력을 소유한 인간의 영생을 향한 노력과 욕망은 변하지 않았고 오히려 날로 진화되는 기술의 발전을 매개 삼아 좀 더 체계적으로 추진되고 있는 듯하다.

개조된 복사본 인간?

서두에서 언급한 〈얼터드 카본〉이라는 영화로 되돌아가 보자. 〈얼터드 카본(Altered Carbon)〉이라는 제목을 직역해 보면 "개조된 복사본" 정도로 해석할 수 있다. 이 드라마는 자신의 낡은 육체가 아닌 다른 사람의 건강한 육체에 자신의 정보가 담긴 데이터를 접속시켜 영원히 생명을 연장해 나갈 수 있다는 것을 전제로 이야기를 전개한다. 이 드라마에서는 인간은 낡은 장기를 새로운 것으로 대체하기도 하고, 때로는 자기 신체를 복제하여 삶을 연장한다. 얼핏 보면 이 영화가 과학기술이 비약적으로 발전한 아주 먼 미래 세계를 그리고 있다고 볼 수도 있지만, 드라마 속 내용은 현재 우리가 이미 일정 부분 경험하고 있는 기술을 좀 더 과장하거나 변형한 것이다. 이미 우리는 치아를 임플란트하기도 하고 기능을 상실한 장기를 이식하기도 하면서 과거와는 차원이 다른 연장된 삶을 누리고 있다. 기계 장치를 신체의 일부에 연결하여 사용하고 있는 현대인들이 점점 늘어나고 있다. 앞으로 낡고 병든 장기를 인공적 대체물로 바꾸는 일은 더욱 빈번해질 것이다. 그러기에 〈얼터드 카본〉과 같은 드라마가 아주 생경한 것은 아니다.

이 드라마가 제시하는 미래 사회를 살펴보면, 배경으로 제시하는 사회가 현재의 복사판인 점을 알 수 있다. 미래의 세상 역시 권력이나 빈부의 격차에 따라 삶을 연장할 수 있는 계층과 이들의 삶을 위해 소모품이 되는 하층민들로 구성된다. 씁쓸하기는 하지만 어쩌면 현재보다 더 빈부 격차가 커져 버린 세상이 이 드라마가 그려내는 미래상이다. 이 미래 세계에서 최고 권력의 자리에 있는 사람들을 '무드셀라'(Methuselah, 구약 성서에서 969세까지 살았다고 기록된 인물)라고 부른다. 이들은 소수의 신격화된 사람들이며 군중들과 분리되어 천상의 첨단화된 주거지에 거주한다. 무드셀라만이 자신의 정신 정보를 클라우드와 같은 안전한 저장소에 업로드하여 육체적 죽음 이후에도 새로운 육체에 이식하여 삶을 이어 나갈 수 있다.

결국 기술 발전의 혜택은 무드셀라들이 독점하여 향유하고 있다. 이 드라마는 미래의 세상을 현재 우리가 살고 있는 세상과 본질적으로 다를 것이 없는 곳으로 묘사하고 있다. 이미 AI 기술을 가진 소수의 기업들이 막대한 부와 정보를 독점하고 있는 현시대의 사회상이 더욱 가속화될 것을 예고하고 있는 것처럼 보인다.

참고문헌

송경재(2022.4.9). ""기억 내려받기로 영생 가능하다" 머스크". 파이낸셜뉴스.
https://www.fnnews.com/news/202204090700018476

지표누리(2024). "기대수명".
https://www.index.go.kr/unify/idx-info.do?idxCd=8016#:~:text

Dattani, S. et al.(2023). Life Expectancy. Our World in Data.
https://ourworldindata.org/life-expectancy

09
정신의 업로드와 영생 프로젝트

인간의 미래에 대한 상상이 단순히 상상으로 끝나지 않음을 인류 역사는 증명해 오고 있다. 고대로부터 현대까지 이어지는 인간의 영생 추구 역사는 인간의 근원적 유한성인 죽음을 극복하고자 하는 도전의 과정이다. 현재 첨단 기술을 이용해 진행되는 정신의 업로드라는 기술적 시도는 현재의 인간과는 다른 제3의 기계-인간의 출현을 예고하고 있는 것일까?

AI와 기자?

뉴럴링크와 정신의 업로드

〈얼터드 카본〉이 SF 드라마이기는 하지만 현실에서도 유사한 시도가 일어나고 있다. 가장 대표적인 예는 남아공 출신의 미국 기업가인 일론 머스크(Elon Musk, 1971~)가 주도하는 뉴럴링크(Neuralink)라는 스타트업의 영생 프로젝트다. 머스크가 2016년 설립한 뉴럴링크는 루게릭병과 같은 척수 손상 환자들을 위해 뇌와 컴퓨터의 연결을 통해 뇌의 활동을 컴퓨터로 송신하고 반대로 컴퓨터의 정보를 뇌로 입력할 수 있도록 하는 쌍방향 기술인 BCI(Brain-Computer Interface)를 개발했다.

머스크는 최근 CNBC와의 인터뷰를 통해 뇌의 정보를 업로드하고 다시 다운로드하는 것이 가능할 것이라고 밝혔다. 그는 "우리가 우리 신체에 더 이상 존재하지 않는다면 이는 우리와는 완전히 다른 것이 될 것"이라면서도 "그러나 자신의 기억, 자아가 그 안에 머무는 한 (이를 자신이라고 판단하는 것이) 가능할 것"이라고 말했다. 의식은 있으나 몸이 마비된 환자들의 생각만으로 컴퓨터를 조작할 수 있도록 하는 이러한 기술은 분명 신체적 제약으로 인해 고통받는 사람들에게는 혁신적 기술이다.

방식에서 약간의 차이는 있으나 전 세계적으로 뉴럴링크와 유사한 기술을 개발하는 회사들이 몇 있다. 이 회사들은 인간과 기계와의 연결 기술을 의료, 학습과 같은 일상의 분야에 적용하고 있다. 분명 이러한 시도는 현재 인간의 모습과는 아주 다른 형태의 새로운 인간인 기계-인간의 출현이라는 방향을 예고한다. 요원한 일로 보이기는 하나 이러한 시도가 성공한다면 우리는 기계 장치와 결합된 인간을 인간인지 기계인지, 아니면 기계-인간이라는 제3의 존재인지 판단해야만 할 날이 올 것이다. 쌍방향 소통이 가능한 인간과 기계 장치와의 결합은 법적, 사회적, 윤리적으로 기존의 인간 개념에 수정이나 보완을 요구할 것이다. 가까운 장래에 인간의 정의에 기존 인간의 생물학적 또는 정신적 한계를 초월한 존재인 트랜스휴먼(Transhuman)이라는 범주가 추가되어야 할지도 모른다.

인간의 자기 확장성과 기술

전통적으로 사유하는 존재로서의 인간을 지칭하는 호모 사피엔스(Homo Sapiens)라는 용어는 인간의 여러 특징 중 지적 능력을 강조한 것이다. 이러한 인간의 지적 능력은 기계 장치와 연동된 인간이 가능한 시점까지 이르렀다. 현재의 기술로는 당장 이루어지는 것은 매우 어려운 일이지만 이론적으로는 현생 인류의 범주를 뛰어넘는 새로운 인간종인 포스트휴먼(Posthuman, 현생 인류 이후의 인류라는 개념)이 생겨날 수 있다고 학자들은 내다보고 있다. 이는 다름 아닌 기술을 통해 인간 능력을 도약시키는 자발적 진화의 과정이라고 할 수 있다. 뉴럴링크와 같은 회사들이 개발하는 기술들은 결국 인간의 포스트휴먼화를 촉진하고 있다.

인간의 자기 진화와 관련된 또 다른 예는, 유전자 가위와 같은 기술을 통해 배아 상태부터 유전적인 약점을 제거하고 우월한 인간이 탄생할 수 있도록 하는 연구다. 1978년 영국에서 세계 최초의 시험관 아기가 탄생했다는 소식은 당시 사람들에게는 매우 충격적이었다. 신의 영역으로 간주 되던 생명의 탄생 과정에 과학기술이 직접적으로 개입되었기 때문이다. 과학계와 종교계의 온도 차이가 극명하게 갈리었고 많은 사람들은 인간은 실험실에서 조작될 수 있다는 공포에 휩싸이기도 했다. 비록 체외 수정 배아에 대한 윤리와 법 규정과 같은 문제들이 아직도 논쟁이 되기는 하지만, 현재 이러한 기술은 불임으로 고통받는 부부에게는 없어서는 안 될 의료 영역으로 자리 잡았다. 하지만 일부의 부자들만이 막대한 돈이 필요한 유전자 기술을 사용하여 유전적 질병이나 약점을 제거하고 신체적으로나 지적으로 우월한 자녀를

낳아 부와 권력을 후대까지 영속시킬 수 있다는 우려가 제기된다.

트랜스휴먼이라는 주제로 다시 돌아가 보면 인간과 기계의 연결 기술은, 사고할 수 있으나 몸을 움직일 수 없는 마비 환자들에게는 매우 획기적인 기술이다. 오랫동안 루게릭병을 앓다 세상을 떠난 물리학자 스티븐 호킹(Stephen Hawking, 1942~2018)은 기계 장치를 통해 활동했던 포스트휴먼의 대표적인 예라고 할 수 있다. 그는 맞춤 제작한 기계 장치를 통해 수십 년간 일상생활과 연구 활동을 수행할 수 있었으며 컴퓨터로 합성된 소리를 통해 대중 강연도 하였다. 그가 기계 장치와의 연결을 통해 세상과 소통하며 과학자로서의 커리어를 이어 나갔던 사실을 생각해 보면 첨단 기술이 가져올 미래에 대한 불안감에도 불구하고 병이나 유전적 결함과 같은 이유로 제한된 삶을 사는 사람들에게 자신의 한계를 극복할 수 있는 기회를 제공할 수 있을 것으로 보인다.

뇌의 보전과 데이터 업로딩

과거 아리스토텔레스학파와 같은 사람들은 '자아' 또는 '나'라는 의식이 심장으로부터 생겨난다고 생각하였다. 하지만 현대 과학이 발달하면서 전문가들은 대개 인간의 의식이나 정신 작용은 심장이 아닌 뇌와 관련되어 있다고 이해한다. 같은 맥락에서, 뇌에 담긴 정보를 보존하는 방법을 중심으로 현재 영생 프로젝트가 진행되고 있다. 기억과 같은 인간의 정체성이 담긴 정보를 보존하는 방법은 크게 두 가지로 정리할 수 있다.

우선, '알데하이드 안정 냉동 보존법'(ASC, Aldehyde-Stabilized Cryopreservation)과 같이 뇌를 보존한 후 기술이 더 발전될 미래에 치료하거나, 뇌 자체의 병든 세포를 새로운 세포로 이식해 재생시켜 치료하는 방법이다. 다른 하나는, 인간의 기억과 같은 정보를 '마인드 업로딩(mind uploading)'이라는 기술을 통해 저장하여 새로운 육체나 장치에 내려받거나 결합하는 기술이다.

구글 딥러닝 엔지니어링의 이사인 레이먼드 커즈와일(Raymond Kurzweil, 1948~)은 수명 연장 기술을 매우 긍정적으로 바라본다. 그의 2005년 저서인 《특이점이 온다: 기술이 인간을 초월하는 순간(The Singularity Is Near: When Humans Transcend Biology)》은 뉴욕타임스의 베스트셀러에 선정되었다. 특이점(singularity)이란 인공지능(AI)이 인간의 지성을 능가하는 시점을 말한다. 특이점이란 용어는 여러 학문 분야에서 사용된다. 천문학에서는 중력 특이점(gravitational singularity)을 의미하며 블랙홀과 같은 곳에서는 더 이상 일반 물리법칙이 적용되지 않는 상태를 이른다. 이와 비슷하게 기술적 특이점(technological singularity)에 도달하면 인류는 매우 발전된 AI와 같은 초지능에 의해 개발된 원리를 이해할 수도, 모방할 수도 없게 된다. 오직 초지능이 기술을 발전시키게 되는 시점이다. 커즈와일은 이 시점을 2030년 말경으로 예측한다. 이미 2005년 특이점의 도래를 예견한 커즈와일은 거의 20년 후인 2024년 새로운 책인 《The Singularity Is Nearer: When We Merge with AI (특이점이 더 가까이 온다: 우리가 AI와 결합하는 순간)》을 출판했다. 이미 2005년에 인공지능의 시대를 예견한 그가 인간과 AI가 결합할 때가 도래함을 예고하고 있다. 하지만 이러한 기술을 실현한다는 것은 "뇌의 압도적 복잡성, 컴퓨터 모형이 할 수 있는 것과 할 수 없는 것이 무엇인지에 대한 오해에서 나온 판타지다"라고 회의적으로 보는 시각도 여전히 있다.

앞에서 언급한 두 가지 생명 연장 방법 중 두 번째인 인간의 정신을 영구히 보존하기 위해서는 해결해야 할 수많은 난제가 있다. 예를 들어 인간의 뇌에 담긴 정보를 온전하게 다운로드하기 위한 기술은 그렇게 간단하지 않다. 뇌의 정보를 고스란히 담아내려면 매우 정교하게 뇌를 스캔해야 하며 이러한 과정 중 뇌를 죽이지 않고 보존해야 하는 것이 무엇보다 중요하다. 하지만 그런 기술은 현재 존재하지 않는다. 기술적 특이점이 도래하는 것을 낙관하는 사람들은 인류의 지능을 초월하는 초지능이 인간 기술의 한계를 뛰어넘는 방법을 제시하리라 기대하고 있다. 무한하게 인류의 삶을 연장하는 기술은 현재로는 요원하기는 하다.

자아의 자리

하지만 영생이라는 문제에서 기술보다 더 근원적인 질문은 '나' 또는 '자아'는 무엇인가다. 뇌의 정보를 내려받아 보존한 데이터는 나와 동일한지, 그리고 기계와 결합한 뇌의 정보는 인간이라고 정의할 수 있는지 등과 같은 기술적 질문의 차원을 넘은 어쩌면 철학적이고 인간론적 질문이 우선되어야 할 것이다.

자아 또는 나라는 개념을 정의할 때 우리는 과학, 철학, 사회학, 종교학 등 다양한 관점으로 접근할 수 있다. 우선 현대 과학에서는 개인은 자신의 정체성을 뇌의 신경 회로를 통해 인식한다고 본다. 뇌의 해마에 손상을 입은 사람들은 자기를 인식하는 데 어려움을 겪는다고 한다. 해마는 인간의 기억을 관장하고 자아를 인식하는 뇌의 부분이라고 과학자들은 말한다. 이는 뇌라는 생물학적 부분에 인간 정체성의 정보가 담겨 있다고 보는 것이다. 만일 뇌의 정보를 데이터로 옮길 수 있는 기술이 발전된다면 인간의 정신을 업로드할 수 있다는 견해로 뉴럴링크와 같은 프로젝트와 연결될 수 있다.

하지만 인간의 뇌 또한 일생을 통해 끊임없이 변화하고 있는데 일생 중 한 기간 내려받은 인간의 뇌 속의 정보를 한 개인의 정체성의 전부라고 말할 수 있는지에 대해서는 선뜻 동의하기는 어렵다. 사회학적으로 보자면 나라는 개념은 타자와의 상호작용을 통해 형성된다. 이러한 관점은 관계적 측면으로 본 인간의 자기 인식이다. 그러므로 자아는 어떤 순간 내려받은 정보의 총합이라기보다는 사회 속에서 타자와의 관계성 속에서 형성되는 연속체라고도 볼 수 있다. 그러므로 관계적 측면에서 보자면, 자아는 개인의 뇌 속 정보의 총량보다 더 확장되어 이해되어야만 한다.

종교적인 면에서, 특히 기독교 전통에서 나 또는 자아를 이해하자면 나라는 존재는 신적 존재와 연결된 존재다. 기독교 전통에서 인간은 신이 창조한 일부다. 그러므로 존재의 근원을 신적 존재에 두기 때문에 나 또는 자아는 우주의 탄생, 존속, 그리고 종말이라는 대서사와 연결되어 이해되어야 한다고 본다.

참고문헌

김남권(2016.4.21). "미래학자 커즈와일 "인류, 2029년께 영생 얻을 것"". 연합뉴스. https://www.yna.co.kr/view/AKR20160421152200009

김대식(2017). 《인간을 읽어내는 과학: 1.4킬로그램 뇌에 새겨진 당신의 이야기》. 21세기북스.

송경재(2022.4.9). ""기억 내려받기로 영생 가능하다" 머스크". 파이낸셜뉴스. https://www.fnnews.com/news/202204090700018476

윤철호(2017). 《인간: 인간의 본성과 운명에 관한 학제간 대화》. 새물결플러스.

이영완(2024.8.20). "늙고 손상된 뇌세포 갈아끼워 치료… 美 연구진, 쥐 이어 곧 영장류 실험". 조선일보. https://www.chosun.com/economy/science/2024/08/20/SS62TJIOLVH3POYW2TKYOJGVO4/

Blain, L.(2018). The Connectome, the Physical Map of a Personality and the Rise of High-rescryonics. New Atlas. https://newatlas.com/nectome-connectome-brain-preservation-asc-cryonics/54051/

Kurzweil, Ray(2005). *The Singularity Is Near: When Humans Transcend Biology*. Penguin Books.

Kurzweil, R.(2005). *The Singularity Is Near: When Humans Transcend Biology*. Penguin Books. 김명남·장시형 옮김(2007). 《특이점이 온다: 기술이 인간을 초월하는 순간》. 김영사.

10
오래된, 그러나 아직도 유효한 논쟁: 인간은 무엇인가?

인간의 어떤 부분에 인간됨의 정수가 있는지 정확히 알 수 있다면 우리는 그 부분을 영원히 보존시킬 방법을 찾아내려 할 것이다. 하지만 인간이란 무엇인가? 과연 인간은 정신과 육체로 분리될 수 있는가? 등과 같은 원초적 질문에 첨단의 현대 과학조차 아직 명확한 답을 내놓지 못하고 있다. 과연 인간이 신의 도움 없이 스스로 영생의 문을 여는 특이점은 도래할 것인가?

AI와 미래 의사?

인간이란

인간의 수명을 획기적으로 연장하는 기술 발전의 소식을 접하면서 우리가 짚고 넘어가야 할 점은 과연 무엇이 인간의 정체성인가 하는 점이다. 이러한 질문은 사실 매우 오래된 질문이다. 어쩌면 인간의 시작부터 인류가 품어 왔을 법한 질문이다. 드라마 〈얼터드 카본〉이나 뉴럴링크의 시도는 인간의 정체성이 인간의 뇌 속 정보에 있다는 것을 전제로 한다. 인간의 뇌를 스캔해서 그 데이터를 저장하여 육체나 육체를 대체할 수 있는 장치에 연결한다는 것이다. 인간의 정신과 기계를 연결하는 것이 가능한지에 대한 질문 이전에 과연 인간의 정체성은 무엇인지 또는 어디 있는지에 대한 고찰이 필요해 보인다.

소위 '인간론(anthropology)'이라는 영역은 전통적으로 수많은 위대한 사상가들이 몰두했던 분야다. 서구의 인간 이해는 주로 인간은 영혼과 물질의 결합체라는 것을 바탕으로 전개되었다. 4세기 북아프리카 히포(Hippo) 지역의 주교이자 기독교 신학자로 활동한 아우구스티누스 아우렐리우스(Aurelius Augustinus, 354~430)나 13세기 중세 최고의 신학자로 일컬어지는 토마스 아퀴나스(Thomas Aquinas, 1225~1274), 그리고 16세기의 프랑스 수학자이자 철학자였던 르네 데카르트(René

Decartes, 1596~1650)에 이르기까지 서양 문명의 주요 사상가들은 인간은 영혼과 육체의 결합체이며, 영혼 또는 정신에 인간의 정체성이 들어있다고 이해했다. 자세히 들여다보면, 인간의 정체성을 영혼이나 정신에 부여하는 것은 인간의 영혼이나 정신이 육체와 분리될 수 있다는 생각과 연결되어 있다. 중세를 통해 견고하게 이어지던 이러한 인간에 대한 관점은 더 이상 유일무이한 인간에 대한 견해로 받아들여지고 있지는 않다. 특히 논쟁이 되는 것은 과연 인간의 영혼이나 정신은 육체와 분리될 수 있는가? 라는 점에 있다. 만일 분리될 수 있다면 육체와 분리된 영혼이 단독으로 존재할 수 있는가? 더 근원적으로 육체를 전제로 하지 않은 영혼이라는 개념은 성립될 수 있는가?와 같은 많은 매우 어려운 질문이 꼬리를 물고 이어진다.

동양의 사상 중 불교의 인간 이해를 살펴보면, 인간의 궁극적인 목표 중 하나는 자아가 끊임없이 물질성과 결합하여 윤회하는 과정을 벗어나는 것이다. 불교의 인간 이해도 육체라는 물질성과 별도로 인간의 영혼이 존재한다고 이해하는 것 같다. 불교에서 추구하는 인간의 궁극적인 상태가 열반(涅槃)을 넘어서 '무상정등정각(無上正等正覺)'이라 불리는 최상의 깨달음을 얻는 것이라면,

이 또한 해탈의 과정을 통해 물질과 결합되지 않은 자기 또는 자아라는 것을 상정하고 있다고 보인다. 다른 한편으로, 유교에서는 인간의 내세라는 개념을 인정하지 않는다. 유교에서도 영혼이나 혼백과 같은 개념이 있으나 영구적인 것으로 보지 않으며 그 영향력은 현세적이다. 그러므로 유교에서 영생은 긍정되지 않으며 끊임없는 현세적 존재 연장이 오히려 영생이라는 개념에 가장 근접한 것이다.

인간의 어떤 부분에 인간됨의 정수가 있는지 정확히 알 수 있다면 우리는 그 부분을 영원히 보존시킬 수 있는 방법을 찾아내려 할 것이다. 전통적인 인간 이해의 관점은 크게 두 가지로 나눌 수 있다. 하나는 인간이 정신(혹은 영혼)과 육체로 이루어졌다는 이원론이고, 다른 하나는 인간은 정신과 육체를 따로 분리할 수 없는 존재라는 일원론이다. 물론 이 밖에도 다른 이론이 있을 수 있으나 이 두 이론은 인간을 설명하는 가장 영향력이 있는 이론으로 두 이론 모두 장단점이 있다. 우선, 이원론은 가장 오래된 인간에 대한 이해로 인간은 영혼과 물질로 이루어진 존재라는 사고다. 인간의 영혼은 육체의 죽음 이후에도 존속될 수 있으며 그러므로 이 영혼에 인간의 정체성이 있다고 여기는 관점이다. 이러한 이원론 사상은 동

서양을 막론하고 가장 영향력 있는 관점이었다. 이 접근법은 영혼이나 정신은 육체와 나누어 질 수 있다고 보기 때문에 영혼과 육체는 서로 다른 기원을 가진다고 본다. 대표적인 사상은 서구 철학의 고전적 양대 산맥이라 할 수 있는 플라톤주의(Platonism)와 아리스토텔레스주의(Aristotelianism), 그리고 16세기 데카르트의 사유 전통이다. 모두 큰 틀에서 보자면 이원론은 인간을 영혼과 육체라는 두 이질적 요소의 결합으로 본다. 이 이론의 장점은 영혼에 인간의 정체성을 둠으로써 육체적 죽음 이후 인간의 존속을 이해하기 쉽게 설명할 수 있다는 점이다. 이 관점에서 보자면 죽음이라는 것은 육체로부터 영혼이 분리되는 현상이다. 하지만 현실의 삶에서 인간의 영혼과 육체가 결코 분리해서 작용할 수 없기에 현재를 살아가는 인간을 설명할 때는 불충분할 수 있다. 예를 들어, 인간의 정신적인 면을 육체보다 고귀한 것으로 이해함으로써 인간의 육체나 육체적 활동을 열등한 것으로 간주할 수도 있다. 다음으로, 일원론은 인간은 영혼과 육체로 분리될 수 없는 단일한 존재라는 이론이다. 우리들이 매일 경험하는 것처럼 정신적 스트레스와 같은 불건전한 자극은 몸의 병증으로 나타나기도 하고 신체적 병이 인간을 우울하게도 한다. 일원론은 인간이 정신과 육체가 서로 연합되어 매우 긴밀히 상호작용을 하는 존재임을 설명하는 이론이다. 하지만 일원론은 죽음 이후 인간 존재를 설명하기 어렵다는 점에서 불충분하다고도 볼 수 있다. 물론 인간의 죽음을 인간의 영원한 소멸로 이해하는 사람들에게는 매우 설득력 있는 관점이지만, 많은 종교에서 죽음 이후의 삶이 있다고 이해하는 부분에서 일원론은 한계가 있어 보인다.

아이러니하게도, 인류는 영생을 꿈꾸어 왔고 영생을 위해 도전해 왔지만 정작 인간의 정체성이 어디에 있는지 아직 누구도 명확히 알지 못한다. 인간이 어떤 존재인지 그 신비가 풀린다면 영생의 의미도 명확히 드러날 것이다.

영생에 대한 도전과 '호모 아도란스'

과학기술의 발전에도 불구하고 많은 사람들은 여전히 인간의 생명은 유한하고 언젠가는 누구나 이 세상의 삶을 마감해야 한다는 것을 불변하는 진리로 받아들인다. 하지만 인간이 이 세상의 다른 존재들과 구분되는 점 중의 하나는, 누구도 명확히 알 수 없음에도 불구하고, 끊임없이 죽음 이후의 세계에 대해 알고자 하는 노력이다. 이는 바로 인간의 종교성과 이어진다.

사람들은 인간의 지성적인 면을 강조해 인간을 '호모 사피엔스(Homo Sapiens)'라고 지칭하기도 하고 도구를 사용하는 인간의 면을 지칭해 '호모 파베르(Homo Faber)'라고도 부른다. 여러 가지 인간의 모습 중 영생이라는 주제와 연결할 수 있는 것은 '예배하는 인간'이라는 의미를 지닌 '호모 아도란스(Homo Adorans)'라는 명칭이다. 예배하는 인간이라는 의미는 인간은 신적 존재와의 연결성 속에서 자신과 세상을 이해하고자 하는 존재라는 것이다. 인간은 끊임없이 시간과 공간과 같은 인간에 주어진 한계를 넘어선 다른 차원의 세계를 갈망해 왔다. 이 갈망은 이러한 인간적 한계를 초월한 존재와의 관계성으로 귀결된다.

인간의 한계를 극복하기 위한 현대인의 도전 중 하나는 우리가 앞서 살펴본 생명 연장 기술이다. 인간의 뇌와 다른 장기들을 새로운 것으로 교체하고 세포들을 재생하는 기술들은 계속 발전할 것이다. 하지만 이러한 기술이 낡고 헤어져 더 이상 복구할 수 없이 쇠락한 육체를 무한정 살려낼 수 있는 것은 아니다. 물론 현재의 기술과는 비교할 수 없을 정도로 획기적인 수명 연장 기술이 가능할 수도 있겠지만, 이러한 방법을 통해 인간이 근원적으로 생명 연장 차원을 뛰어넘어 영생으로 도약할 수 있을지는 미지수다. 앞서 다루었던, 영생이라는 주제와 더 밀접하게 연결될 법한 '정신의 업로드'라는 기술은 얼핏 생각하면 이를 통해 영생이 가능할 듯도 해 보인다. 하지만, 이 시도가 실현되는 것은 현재로는 요원해 보이며 만일 실현된다고 할지라도, 예를 들어 고도로 발전된 기술을 통해 업데이트된 뇌의 총체적 정보를 기계적 육체에 연결한다고 해도, 이 인간에 대한 정보가 인간의 정수(essence)를 온전히 포괄한 것이라고 말할 수 있는지 그리고 이러한 상태를 영생이라고 볼 수 있는지는 의문시된다.

정신과 몸

서양의 인간론은 주로 기독교 전통을 배경으로 논의되어 왔다. 중세 기독교 사상의 초석을 놓은 아우구스티누스도 인간의 정신과 육체의 관계성 연구에 몰두하였다. 아우구스티누스의 성숙기 신학의 핵심 사상을 담고 있는 《삼위일체론(On the Trinity)》을 보면 그가 인간의 영혼을 인간의 정수(essence)로 인식하고 있음을 알 수 있다. 또한 《하나님의 도성(The City of God)》이라는 그의 대작에서는 죽음 이후 인간의 영혼이 어떻게 죽지 않을 영적 육체와 결합할지에 대한 소망으로 가득 차 있다. 플라톤주의 철학을 수용하여 발전시킨 아우구스티누스의 기독교적 인간론은 다름 아닌 영혼에 인간의 정체성이 있다고 보았다. 또한 그는 인간의 영혼에는 신적 형상(Image of God)이 담겨 있으며, 이는 기억(memory), 이해(intellect), 의지(will)라는 신적 삼위일체를 투영하는 세 요소로 구성되어 있다고 주장한다. 이러한 아우구스티누스의 영혼에 대한 이론은 현대의 인간론 연구에도 다양한 영감을 주고 있다.

〈얼터드 카본〉의 스토리 전개나 뉴럴링크의 '정신의 업로드' 프로젝트와 같은 시도는 영혼이 인간의 핵심이라고 이해하는 전통적 시각과 맥이 닿아 있다. 또한 이러한 사유의 전제인 인간의 육체와 영혼은 분리될 수 있다는 생각을 공유한다. 그러므로 분리된 영혼을 보존하기 위해 육체를 대체할 수 있는 적절한 용기(container)를 개발한다면 영생을 위한 준비가 되는 것이다. 이러한 용기는 컴퓨터가 될 수도 있고 로봇이 될 수도 있다. 아니면 배양된 육체일 수도 있을 것이다.

하지만 영혼과 육체가 분리될 수 있다는 전통적 사유는 또 다른 주요 관점과 비교해서 이해되어야 할 필요가 있다. 앞서 살펴본 바와 같이, 근현대 인간론은 인간의 몸과 정신이 분리될 수 있다는 이원론적 인간 이해와는 달리 인간은 정신과 몸으로 분리될 수 없는 통일체라고 이해한다. 이 관점에 의하면, 인간으로부터 정신만을 추출한다는 것은 인간의 정의 자체를 부정하는 것이다. 현대 과학에서도 인간의 정신과 육체의 관계는 매우 복잡하며 아직 그 관계성을 명확하게 파악하지 못하고 있다. 이러한 통합론에 따르면, 뉴럴링크와 같은 회사에서 시도하는 것은 뇌의 신경회로 활동과 컴퓨터와의 연결을 통해 의사소통, 치료, 인지 능력의 향상 등이 현실 가능한 목표이며 영생을 위해 정신의 정보를 추출하는 것은 단지 정보의 수집에 불과한 것이다.

영생하려면

기독교의 오래된 신앙 고백으로 알려진 '사도신경(The Apostles' Creed)'은 이런 문구로 마무리된다. "몸의 부활과 영생을 믿습니다." 사도신경은 영생은 몸의 부활과 연결된 것이라고 말한다. 몸이 없는 영생을 말하지 않는다. 기독교 신앙의 여러 핵심적 요소 중 부활 사상이 영생이라는 주제의 중심에 있다. 기독교 신앙에서 영생은 영혼이나 정신의 영생이 아니라 몸을 가진 부활한 인간의 영생이다. 부활은 영혼과 육체로 나뉘지 않은 인간 전체의 죽음을 전제로 한다. 현재 많은 인간이 꿈꾸는 영생은 죽음 없는 영생이다. 죽음 없는 영생을 꿈꾸는 사람들에게 기독교 신앙은 아쉽게도 이렇게 말한다. 죽지 않으면 영생할 수 없다고.

참고문헌

국민호(2005). "귀신신앙과 제사를 통해 살펴본 유교의 내세관". 《사회와 이론》, 7, 93~119쪽.

이중권(2019). "무상정등정각(無上正等正覺)에서 나온 부처님의 새로운 수행법". 《한국교수불자연합학회지》, 25(2), 140~155쪽.

이강원

장로회신학대학교 및 숭실대학교에서 강의를 하고 있다. 하이델베르크대학에서 판넨베르크 종말론으로 조직신학 박사학위를 받았다. 과학과 신학의 대화에 관하여 연구하고 있다.

윤성련

연세대학교 및 서울시민대학 등에서 강의를 하고 있다. 연세대학교에서 메를로-퐁티의 신체현상학과 육화신학으로 종교철학 박사학위를 받았다. 현상학과 신학, 기술 과학 등의 간학문적인 연구에 관심을 두고 학술지, 저서, 강연 활동을 하고 있다.

김현주

횃불트리니티신학대학원대학교 조직신학과 초빙교수다. 이화여대에서 불어교육을 전공하고, 미국 프린스턴신학교에서 신학석사 학위를 받았다. 스코틀랜드 애버딘대학교에서 디트리히 본회퍼 연구로 철학박사 학위를 받았다. 저서로는 Bearing Sin as Church Community: Bonhoeffer's Hamartiology (T&T Clark, 2022)와 《청소년의 마음을 키우는 인문학 선물》(동서지행포럼, 2024) (공저) 가 있다. 또한 "디트리히 본회퍼의 관계적 신형상론 고찰-마르틴 루터의 관점과 연계하여"(2025), 윤리적 연대(Ethical Solidarity)의 신학-본회퍼의 '죄책의 전이(Transmission of Guilt)' 재고 (2025) 등 여러 편의 논문과 기고문을 학술지 등에 게재하였다.